歴史文化ライブラリー

50

中世の奈良

都市民と寺院の支配

安田次郎

吉川弘文館

原則として、初版で掲載した口絵は割愛しております。

目次

1　神々のいた時代——序にかえて

中世とは

日本の中世とは、どういう時代か。この問いに対しては、さまざまな答え方ができるだろう。たとえば、武士の時代だ、荘園公領制《しょうえんこうりょうせい》の時代だ、地方分権の時代だ、主従制の時代だなどというものから、民衆に仏教が浸透した時代だ、女性の社会的地位が低下した時代だ、敵討《かたきう》ちが許されていた時代だ、大人は烏帽子《えぼし》を被《かぶ》っていた時代だ、中国のお金を使っていた時代だ、などという答え方まで考えられる。

神々がいた時代だというのも、ひとつの答えになるだろう。

中世には、人びとが崇《あが》め帰依《きえ》する高級で強力な神から、村はずれの小さな祠《ほこら》に封じ込めることができるたちのよくない小さな祟《たた》り神のようなものまで、さまざまタイプの神がいた。八百万《やおよろず》の神といわれるように、神々の数は多く、かつ身近な存在であった。中世の人びとは、そのような神々の実在を信じて疑うことはなく、ことあるごとに神の加護を願ったり、祟りを避けようとしたりした。

二度目の蒙古襲来である弘安《こうあん》の役《えき》から三〇年あまりたったころのことである。日本の為政者は、蒙古の三度目の侵攻を恐れていた。ときの花園天皇は、ある貴族からつぎのような話しを聞いた。筑前国（現福岡県）の青木荘《あおきのしょう》に勧請《かんじょう》されている北野神社に傷ついた蛇が一匹現われた。この蛇は北野社の神で、巫女《みこ》の口を借りて驚くべきことを告げた。蒙古が襲来した。それで、北野社の神は、香椎宮《かしいぐう》、筥崎宮《はこざきぐう》、高良社《こうらしゃ》の神々とともに蒙古の神々を天上で迎え討った。香椎の神はすでに半死半生である。自分は蛇に変身して人びとに知らせにやってきた。いっそうの祈禱が行なわれるならば、いまいちど戦場に戻って戦うだろう。こういう話しであった。

日本征服にやってくる蒙古軍とともに、蒙古の神々も日本にやってくる。その蒙古の神々を日本の神々が迎え討つ。中世の人びとはそう考えていたのである。地上の蒙古軍がそうであったように、天上の蒙古の神々も強力であった。日本の神々は苦戦しており、援護としてさらなる祈願を人びとに要求したのである。近代の戦争においても、出征に際して兵士は神社に参詣し、銃後の人びとも折りにふれて神の加護を祈ったであろう。しかしそれは、兵士が自分の戦功を祈ったり、留守家族が出征兵士の無事を祈ったり、また戦争自体の勝利を祈ったりしたものであろう。神々の戦争への参加や、いっそうの奮戦を祈ったものではない。人間だけでなく神々もまた敵国の神々と天上で戦っているはずだという発想は、近代人にはない。中世人の神観念は、じつに具体的でリアルである。

蒙古は二度にわたる「神風《かみかぜ》」によって撃退された。戦争が終れば、戦功に応じて恩賞《おんしょう》を出す必要がある。「神風」はたいへんな手柄であった。地上で戦った武士たち同様に、あるいはそれ以上に、神々にも褒美《ほうび》を差し上げなければならなかった。対蒙古戦争を指揮したのは幕府だから、恩賞を与える権限（義務）もまた幕府にあるというのが当時の人びとの考え方であった。文永・弘安の役以降、全国の寺社の建設や修理の権限（義務）は、朝廷から大幅に鎌倉幕府に移ったが、人びとの神観念がこのような国制上の重要な変化を引き起こしたのである。

神々は、庶民の日常生活のなかにもいた。今度は奈良でみてみよう。

織田信長が東の徳川家康と手を結んで目を西に向けだしたころ、奈良にやってきたひとりのキリスト教の宣教師は、春日社の巫女について、つぎのように述べている。

これら女僧たちの職務は、名だたるきわめて大いなる魔法使いであることに存します。といいますのは、何ぴとかが、健康、財産、安産、勝利、もしくは紛失物の再取得（といったこと）を願うならば、この巫子《みこ》のところに赴いて、自分のために神楽《かぐら》を（催して）もらいます。すると数名の社人が、太鼓その他の楽器を携えて現われ、（巫女たち）も同じように他の（楽器）を携えて（現われ）、そのうちの一人が縦長に切った紙片を結び付けた棒を手にして、神像の前で踊ります。彼女はそれを、鋭く速い音楽の伴奏によって、いとも激しく行ないますので、（私たちの耳にはまるで）地獄の叫喚《きょうかん》と咆哮《ほうこう》（もかくやと）思われるほどなのですが、ついに彼女は失神したように地上に倒れてしまいます。人びとは、その時に神の霊が彼女に移るのだと言っています。ついで彼女は立ち上がり、人びとが頼みに来たことについて答えます。（『フロイス日本史3』中央公論社、二二章）

中世の末にいたってもなお奈良をはじめ各地の人びとが春日社にやってきて、さまざまな問題に関して神の託宣《たくせん》をもとめた。おそらく、病気ならばどんな薬を使えばいいのか、どの医者にかかればいいのか、失《う》せ物ならばどこにあるのか、などというきわめて具体的な質問をし、神がのり移った巫女の口から答えを得たのである。それはキリスト教の宣教師にとってはいかがわしい「魔法」でしかなかったが、日本の中世の人びとにとって、神の指示を得ることはもっとも確かで安心できる対処法だったのである。

人びとが、このようなものの考え方、感じ方をしていた時代の都市奈良の人びとの在り方を探ることが本書の課題である。

本書の課題

ただし、神々がいた時代だといっても、奈良の中世の人びとが、朝から晩までつねに神のまえに額突《ぬかず》いていたわけではない。さきのキリスト教の宣教師は、春日社の神主や巫女たちが「日本全六十六ヵ国において可能な限り最高に贅沢な生活」をしていると述べている。これは、神前に朝夕供えられた神饌《しんせん》を毎日実際に食べるのは彼らだったということを皮肉っぽくいったものだが、春日社には神へのお供えものを確保する力が残っていた。興福寺や東大寺なども依然として荘園領主としての力を持っていた。奈良には、まだまだ各地から物資が集まってきており、ここは経済的にひとつの中心地であった。もちろん、奈良の人びとがこの経済を支えていたのである。室町時代には、彼らは都市住民として団結をはじめており、四季の生活を楽しんでもいた。その一端を明らかにしたい。

本書では、最初に中世奈良の成立、その構造や寺院の支配についてみてみたい。ついで人びとの活動、とくに従来ほとんど取り上げられていない憑支《たのもし》をとりあげ、都市の活発な経済活動の基盤のひとつを明らかにしてみたい。そして、そのような活動とともに、領主支配の枠組みをこえて人びとが奈良惣中《そうじゅう》という自治体を中世の末に形成するにいたった基盤や契機についてみてみよう。最後に、興福寺の衆徒《しゅと》という集団の奈良支配に注目し、さきに述べたような中世人の精神の在り方が、どう都市支配のうえに現われているかを考えてみたい。

衆徒は、奈良や大和国の下剋上《げこくじょう》の担い手であり、中世後期の新しい動きをすくいあげて組織していったといわれている。しかし、この集団は、一方では古い呪術的《じゅじゅつてき》な観念に規定された存在でもあった。このように、いつの時代でも、どこでも、新しいものと古いものとは混在してせめぎあう。そのような視点から、中世奈良の姿を少しでも具体的に描き出すことに努めてみよう。

中世奈良の成立

外京から四面郷へ

外京

和銅三年（七一〇）、都は大和盆地南部の藤原京から北部の地にうつされた。いわゆる奈良の都である。これ以後の七四年間を奈良時代という。

奈良の都＝平城京《へいじようきよう》は、中国の唐の都である長安《ちようあん》にならってつくられた。ただし、そうはいっても唐は当時世界でもっとも強大で進んだ国であった。一方の日本は、東アジア世界のはしっこの小さな国にすぎない。したがって、長安クラスの都市をそのまま日本に再現することはできなかったし、その必要もなかった。都を唐のそれにならって造ったといっても、その規模は四分の一以下にすぎない。

長安のプランが変更されたのは、規模だけではない。平城京には、左京《さきよう》の東に外京《げきよう》とよばれる南北二・〇キロ、東西一・五キロの突き出した部分がある（図1参照）。このようなものは長安にはない。これが平城京につくられたのは、この地域が台地で、その南部や西部にくらべて水はけがよいこと、平城京の東西の端を藤原京の東西の端（その延長）にあわせたところ京内が意外に狭く、もう少し広げる必要があったことなどによるといわれている。

中世都市としての奈良の母体は、この外京である。

平城京は、延暦《えんりやく》三年（七八四）の長岡京への、そして同一三年（七九四）の平安京への遷都《せんと》によって荒れはてる。貞観六年（八六四）一一月に大和国の国司《こくし》は、「都城《とじょう》、道路変じて田畝《でんぽ》となる」、つまり、平城京は、縦横に走っていた大路《おうじ》や小路《こうじ》が耕されてしまい、田んぼになってしまったと朝廷に報告している（『三代実録』巻九）。平安遷都から一〇〇年もたたないうちに、かつての都は田園にもどったのである。こうして一九五四年に国による発掘調査が始まるまで約一一〇〇年間、平城京は静かに土の下で眠り続けることになった。

一方、外京は、興福寺《こうふくじ》や東大寺などの隣接地として、次第に都市化していった。いうまでもなく、大きなお寺には多数の僧がいる。そして、位の高い僧や高貴な家の出身の僧に

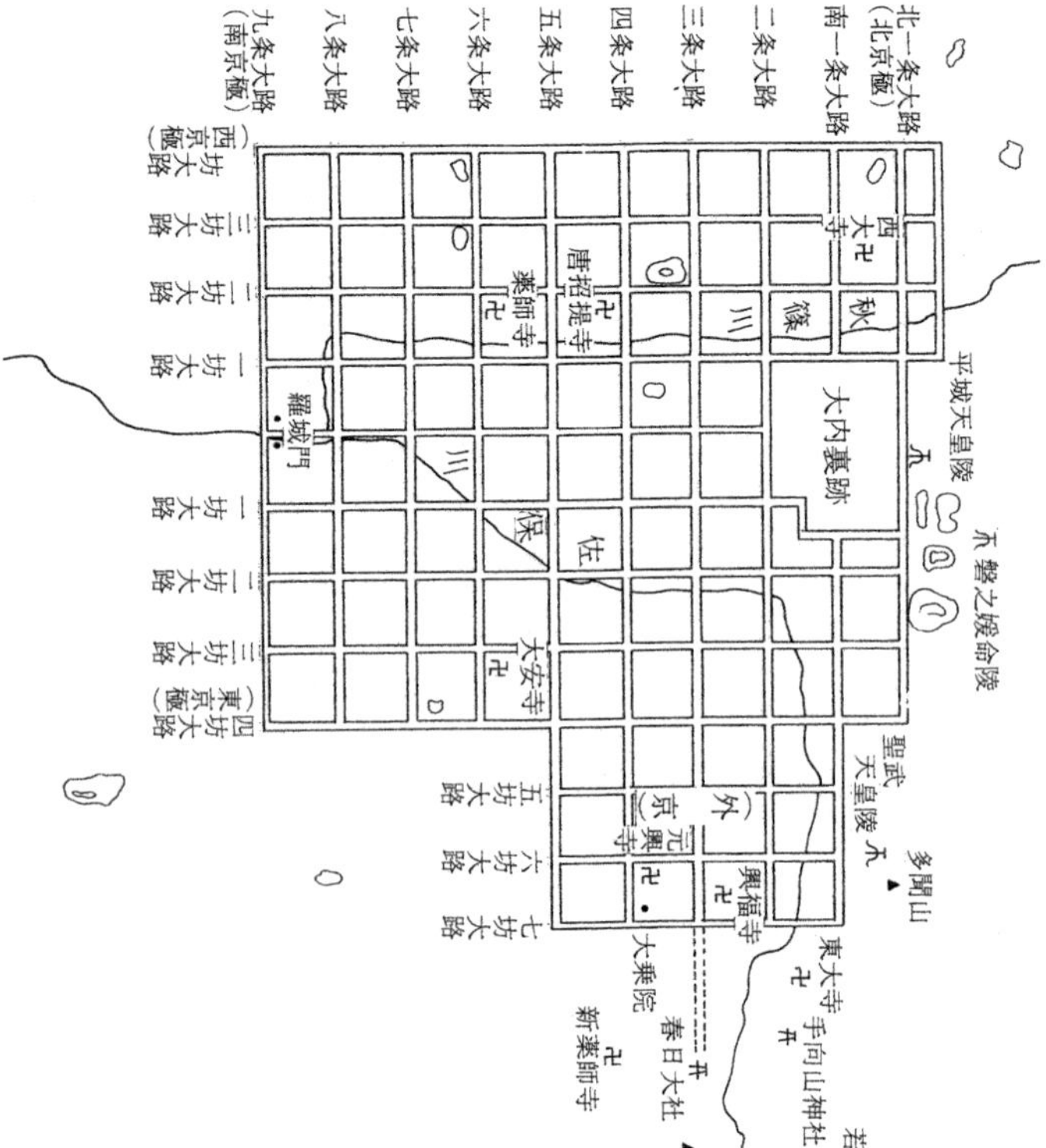
北一条大路（北京極）
南一条大路
二条大路
三条大路
四条大路
五条大路
六条大路
七条大路
八条大路
九条大路（南京極）
西京極大路（西坊大路）
三坊大路
二坊大路
一坊大路
一坊大路
二坊大路
三坊大路
東京極大路（東四坊大路）
五坊大路
六坊大路
七坊大路
西大寺
秋
篠
川
唐招提寺
薬師寺
羅城門
川
保
佐
大安寺
大内裏跡
平城天皇陵
磐之媛命陵
聖武天皇陵
多聞山
外京
元興寺
興福寺
東大寺
大乗院
手向山神社
春日大社
新薬師寺
若草山
御蓋山

図1　平城京

は、身の回りの世話などをしてくれる多くの人びとがいる。また、お寺や神社の建設、その修理や維持には、多数の技術者と労働者が必要である。これらの人びとの生活のために、いろいろな物資を持って各地から商人がやってきて、多くの者が家を構えるようになる。僧も必ず寺内に住んでいるとはかぎらず、寺の門前や周辺に住むことも多い。こうして外京に建設された寺社を核として、さまざまな人びとが住みつき、中世の奈良の原形がつくられた。

では、その画期はいつころだろうか。

奈良がすでに一二世紀にかなりの都市になっていたかもしれないことを示唆する史料がある。『大鏡《おおかがみ》』は、平安時代の後期にできたとされる歴史物語であるが、そのなかに、「よの中にてをののをとする所は、東大寺とこの宮とこそはべるなれ」（巻二）とある。世の中で手斧《ておの》の音、すなわち建設工事の音がにぎやかに聞こえるのは、東大寺とこの宮（小《お》野宮《のみや》。京都の貴族の家）だという。東大寺で長くかつさかんに建設工事が行なわれたとすれば、そのような事業を支える基盤が奈良にできていたとみなければなるまい。そのことは、ようやくこのころから、ごくわずかではあるが残されてくる奈良に関する史料によっても裏付けられるように思う。以下、一一世紀から一二世紀の奈良の様子を、二、三の事件を手がかりにして探ってみよう。

四面郷

最初にみる三件の事件は、いずれも火事に関するものである。奈良の町の様子がどうだったかなどということは、当時奈良に住んでいた僧や人びとの関心外のことである。何ごともなければ、見慣れた町の様子など当時の記録に書き残されることはない。なにか注目すべきことがあってはじめて記されるのである。火事はまさにそういう機会であった。寺の外の民家の火事が寺内に飛び火してくることがときどきあったが、そういうときにはじめて、町のことがわずかに触れられるのである。そういう意味では、当時の人びとにとっては悲惨な出来事でしかない火事も、昔のことを調べるわれわれには、まことにありがたい事件なのである。そのような折りの断片的であるが貴重な情報を集めると、東大寺や興福寺を中心として、「里《さと》」といわれる区域が形成されつつあったことがわかる。

永承《えいしょう》元年（一〇四六）一二月二四日の夜一一時ころ、「西里の中小路《なかこうじ》東辺」の「薬大丸」（薬犬丸の書き誤りか）の住宅が放火されて出火、隣近所の「宅」三軒が類焼した。おりからの強い西風にあおられて火の粉が興福寺に飛んできて、金堂《こんどう》、講堂、東西金堂、南《なん》円堂《えんどう》、南大門《なんだいもん》などの建物を焼いた（『興福寺流記《るき》』『扶桑《ふそう》略記』）。

このことを記した史料から、興福寺の西に西里と呼ばれる一画があり、その西里に中小路という道路があったことがわかる。そして、その道路の東辺、すなわち道の東側に火元である薬大丸の家があったということから、中小路は南北方向に走っている道ということもわかる。少なくとも三軒の家が薬大丸の家の近所にあった。

永承四年（一〇四九）二月一八日の昼間、二時ころに「西御門西里辺」の「別当僧都童《べっとうそうずどう》子牛丸《じうしまる》」の住宅から出火し、近隣の九軒を焼いた。その火は興福寺に飛び火し、窪院《くぼいん》、伝法院《でんぼういん》、北円堂《ほくえんどう》などを焼いた（『興福寺流記』）。

先の火事と同じく興福寺の西里であるが、ここでは「西御門西里」というように、興福寺の西御門とセットで西里が表現されていることに注意しておきたい。これは、のちに南《なん》都七郷《としちごう》（寺門七郷《じもんしちごう》）が興福寺の門を単位として編成されることを思うと、興味深い例である。

つぎに、火元の「別当僧都童子牛丸」の解釈であるが、別当は興福寺の別当であろう。別当というのは、その寺で一番えらい僧のこと、一寺の長官のことである（延暦寺では座《ざ》主《す》といい、のちの禅宗や律宗などでは長老という）。このときの興福寺の別当は、真範《しんぱん》という六四歳の僧。時に大僧都《だいそうず》という位にあり、「大」の字は省かれているが「別当僧都」の記述と一致する。「童子牛丸」はおそらく牛飼童《うしかいわらわ》のことであろう。年をとった別当が牛車《ぎっしゃ》で出かける際に牛を御《ぎょ》した者である。このような牛飼童は、絵巻によく描かれている（図2参照）。童《わらわ》といっても、本当に子供とはかぎらない。しばしば中年の男である。中世の寺院には、さまざまな童がいた。さきにみた薬大丸も、おそらく興福寺所属の童子であろう。

以上ふたつの例は、いずれも興福寺の西里に関するものであった。他の里をみてみよう。

康和四年（一一〇二）九月三日は、東大寺鎮守明神の手掻《てがいまつ》祭りの日であった。この祭りに奉納される田楽《でんがく》をめぐって、東大寺と興福寺のあいだで合戦が起こった。これによって「東大寺領西里四町」ほどが焼かれ、興福寺の「東里」も「二町」ばかり焼かれた（『中右記』）。この同じ事件を記した東大寺側の史料によって、「東大寺領西里」とは「中御門《なかみかど》・転害門《てがいもん》・今小路《いまこうじ》」という地域であることがわかる（『東大寺八幡験記』）。

ここからいくつかのことがわかる。まず、東大寺の西にも興福寺と同じように西里とよばれる区画が成立していた。そして、それはたんに東大寺の西の里ということではなく、東大寺領の西里であった。したがって興福寺の西里の場合も、たんに興福寺の西の方の里という意味ではなく、興福寺が領主である西里という意味であろう。

東大寺西里には、中御門、転害門、今小路などの地域があった。中御門と転害門は東大

図2　牛 飼 童（『伴大納言絵巻』，出光美術館蔵）

寺の西の築地《ついじ》に開かれた門であるが、ここではもちろん門そのものではなく、その門前に形成された家並みを指す。同じように、今小路も道そのものではなく、この道をはさんだ両側の町並みを意味するだろう。里がある程度の広がりを持つ領域であるのに対して、そのなかにもう少し狭い地域が都市の基本単位として成立してきていることがうかがえるだろう。

さらに、興福寺が西里だけでなく東里を持っていることが確認できよう。興福寺の北里や南里の存在を記した史料はまだみつかっていないが、鎌倉時代のはじめに編纂された史料（『類聚世要抄』）のなかに、この事件のとき興福寺は「四面郷《しめんごう》」や荘園の人びとを召集して寺を守らせたと記されている。「郷」は「さと」と読めるので、西里、東里とならんで北里、南里の四つの里があったと考えて差し支えないだろう。

以上をまとめると、一一世紀半ばには、東大寺はその西方を東大寺領西里として、また興福寺はその東西南北の四面を興福寺領四面郷として領有していた。これらの里は、中小路、中御門、転害門、今小路などと呼ばれる小地域をその内部にかかえていた。そして、民家は、貰《もら》い火をする程度には密集して建っていた。

住人・家地

さきに興福寺の別当の牛飼童が同寺の西里に住んでいたことをみたが、奈良の住人について、またその家地《やち》（屋敷地）の性格について、別のタイプの史料からもう少しさぐってみよう。

一二世紀のはじめころから、奈良のなかの家地を売った際に作成された証文（売券《ばいけん》）が少し残されるようになる。ひとつ示してみよう（『平安遺文』二〇五〇）。

沽却《こきゃく》す　私領《しりょう》家地の事

合わせて四間てえり　東三間の次、但し七尺間

興福寺の東里にあり

四至　東は限る重方《しげかた》の母の尼公《あまぎみ》の領の中垣《なかがき》、南は限る御山
西は限る三良《さぶろう》の領地の中垣、北は限る堂の路《みち》

右、件の家地は、先父左近府生《せんぷさこんふしょう》重方の相伝所領《そうでんしょりょう》なり。不慮のほか逝去の後、一男僧有実、二男僧玄禅ならびに女子等、相《あ》い共に配分するところなり。すなわち処分帳を相い副《そ》え、玄禅の給に宛《あ》て分くるところなり。しこうして要用《ようよう》あるに依《よ》って、直《あたい》の米二十四石を限り、永く僧行勝院《ぎょうしょういん》に沽却すでにおわんぬ。但し処分帳に至りては、類地《るいち》あるに依って副《そ》え渡すあたわず。後日《ごじつ》の沙汰のため、新券文《しんけんもん》を立つること件《くだん》の如

し。

天治《てんじ》二年八月二十五日　僧（花押）
一男僧（花押）
登美姉子《とみのあねのこ》
三良

天治二年（一一二五）のこの売券からつぎのような情報が引き出せる。この売券で売られたものは「私領家地」で「四間」。「四間」の意味するところについてはのちに述べる。家地のある場所は「興福寺東里」。その東端は「重方の母の尼公の領の中垣」、南端は「御山」、西端は「三良の領地の中垣」、北端は「堂の路」であった。ここから、この家地の間口は「堂の路」に面して北にあったことがわかる。売券の本文によると、この家地は父親である左近府生の重方が持っていた所領であった。その父親が思いがけず亡くなったあと、長男で僧の有実《ゆうじつ》、次男の僧玄禅《げんぜん》、登美姉子（女子）、それに三良（三郎だろう）らは遺産分けを行なったが、この土地は次男玄禅に分与されたものであった。ところが、入り用があるので、米二四石で行勝院という僧にこの家地を売ります、というのがこの売券の趣旨である。売人は玄禅であるが、のちに権利を主張しかねない兄弟姉妹三人が、権利放棄を明示するために署名を加えている。

さて、亡くなった父親の左近府生重方であるが、興福寺の東里に家地を構えていたのだから、興福寺の関係者ではないかと予想される。はたしてそのとおりで、重方は南都楽人《なんとがくにん》と呼ばれる舞踊家である。舞踊家といっても、家のおもてに看板を出して弟子をとって暮らしを立てている踊りのお師匠さんというわけではない。左近府生というのは左近衛府《さこのえふ》の府生のことで、それほどえらくないが、これはれっきとした朝廷の官職である。南都楽人というのは、南都興福寺の法会《ほうえ》や春日社の祭礼などに際してとくに仕える楽人ということで、その基本は宮廷音楽家ないしは舞踊家のことである。『楽所補任《がくしよぶにん》』という任命記録によると、重方は「左舞人《さまいのひと》」で、保安《ほうあん》四年（一一二三）に五二歳で亡くなるまで三年余り宮仕えしている。ちなみに、「左舞」は、舞台にむかって左側の通路から出入りするのでこの名がある。中国、インド系統の舞楽で、衣装は赤・紅系のものを着用する。図3は、春日《かすが》権現験記絵《ごんげんげんきえ》という絵巻に描かれた、重方と同時代の南都楽人の狛行光《こまのゆきみつ》である。重方もこのように舞ったのであろう。

本筋にもどろう。重方の亡き後、残された子供たちや重方の母親（尼）らは、敷地を接して興福寺の東里に暮らしていた。敷地と敷地との境には、中垣が設けられていた。これ

図3　狛 行 光（『春日権現験記絵』，宮内庁三の丸尚蔵館蔵）

は、やはり土地の境目をはっきりさせて、それぞれの財産の不当な増減をあらかじめ防ぐためであろう。しかし、奈良の家地の価値は、敷地面積よりもむしろ道路に面する間口の長さが、まず重要なものになってきていた。さきに重方の遺産の家地は「四間」と表示されて売券が作成されたことを述べた。四間は長さのことである。何の長さか。もちろん、家地の道に面した間口の長さである。一間《いっけん》はふつう六尺《しゃく》（約一・八二メートル）であるが、古代・中世の奈良では一間は七尺（約二・一メートル）であることが多い。先の売券でも「但七尺間」とことわっている。問題の土地は四間であるから、八メートル半ほどの間口の土地だったということになる。

この売券のように、一二世紀以降の奈良の家地の売券は、まず最初に何間と、間口の長さが表示されている。土地の四至《しいし》（東西南北の境）が記されたり、間口とならんで奥行の長さが書かれたりすることもあるが、何間と間口しか表示されていないものが多い。このように、間口が重視されるのが都市の特徴である。家地の売券であっても、奈良の地を少し離れれば、家地何段《なんたん》というように面積表示がなされているのである。家地の売券をみるかぎり、一二世紀にすでに奈良は都市となっていたのである。

残念ながら商人や職人についての史料はないようだが、彼らが僧、童子、楽人らととももに奈良に住んでいたことはまちがいあるまい。

四面郷から七郷へ

郷の再編

興福寺の四面郷は、鎌倉時代には南都七郷（寺門七郷）として再編される。七郷とは、南大門郷《なんだいもんごう》、新薬師寺郷《しんやくしじごう》、東御門郷《ひがしみかどごう》、北御門郷《きたみかどごう》、穴口郷《あなくちごう》、西御《にしみ》門郷《かどごう》、不開門郷《あけずのもんごう》のことである。もっともこれらのうち新薬師寺郷は、興福寺から少し離れた地域で興福寺の四面郷の内に含まれていたとは思えないので、より正確には七郷のうちの六郷に再編されたといわなければなるまい。新薬師寺郷を別にして、残りの郷はいずれも興福寺の門にかかわる名前をつけられている。そこで、まず諸門がどこにあったのか確かめておきたい。

口絵は、江戸時代、一八世紀はじめころの絵図に描かれた興福寺である。これによって興福寺の門をみ、南都七郷（のうちの六郷）との関係を押さえておこう。

この絵図では、興福寺の東側に北から東門、東不開門、大湯屋門《だいゆやもん》、北側に円成坊門《えんじょうぼうもん》、西側に西穴門《にしあなもん》、西門、西不開門、そして南側に南大門がある。各門の位置や名前からみて、南都七郷（のうちの六郷）と興福寺の諸門とのあいだには、つぎのような対応が考えられよう。

南大門郷→南大門
東御門郷→東門
北御門郷→円成坊門
穴　口　郷→西穴門
西御門郷→西御門
不開門郷→西不閉門

「不開門」は東にもあるが、この門の前は春日社の敷地で民家の建ち並ぶ余地はなかったと思われるので、不開門郷は西不開門と想定した。すなわち、南大門郷は興福寺の南に、東御門郷は東に、北御門郷は北に、そして穴口郷、西御門郷、不開門郷は西にあることになる。

こうみてくると、興福寺四面郷と七郷（のうちの六郷）の関係は、当然つぎのようになろう。

南里→南大門郷
東里→東御門郷
北里→北御門郷
西里→┬穴口郷
　　　├西御門郷
　　　└不開門郷

さきに注意したように、すでに一一世紀に「西御門西里」という門と里とのセットの表現があったように、興福寺の門前に発達した地域がその門の名前をつけられ、南都七郷（のうちの六郷）はできたのである。そして、里がその内部に小地域をより基本的な単位として成立させ抱え込んでいたことをみたが、南都七郷もそれぞれいくつかの小地域からできている。そのような小地域を、

表1　南都七郷の小郷

南大門郷	城戸郷　脇戸郷　高御門郷　鳴川郷　花園郷　井上郷
東御門郷	登大路郷　野田郷
北御門郷	菖蒲池郷　北小路郷　法蓮郷
穴口郷	符坂郷北方　高天郷北方　内侍原郷　二条郷　芝辻郷
西御門郷	小西郷　角振郷北方　高天郷南方　符坂郷南方　今辻子郷北方
不開門郷	今辻子郷南方　三条郷　角振郷南方　椿井郷　橋本郷　餅飯殿郷
新薬師寺郷	京終郷　中辻子郷　紀寺郷　貝塚郷　高畠郷　丹坂郷

研究者は小郷《しょうごう》と呼びならわしているが、一五、六世紀の史料に記された小郷を一覧表にしておこう（表1）。

これを図示すると、図4のようになる。各郷の小郷の分布から七郷の範囲や広がりが大体想像できるだろう。

七郷の成立

七郷は、鎌倉時代に四面郷が再編されて成立したと述べたが、そのことをみておきたい。

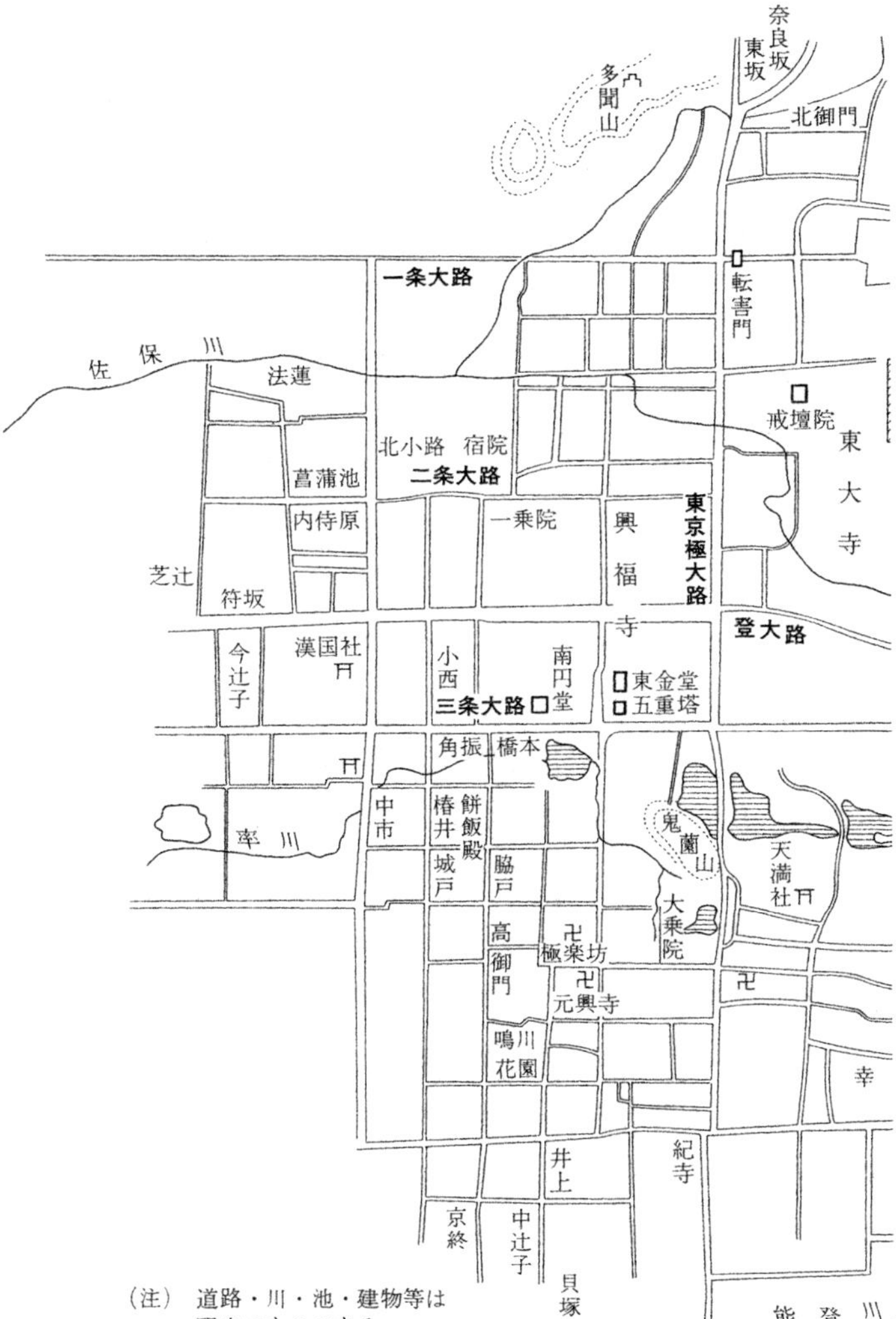

（注）道路・川・池・建物等は
現在のものである。

図4　南都七郷の小郷

「七郷」という言葉が初めて文献上にみえるのは、貞応《じようおう》元年（一二二二）のことである。「院要抄《いんようしよう》」という文献に「七郷平均掃除之役《しちごうへいきんそうじのやく》」という一節があり、七郷に一律（平均）に賦課される掃除の課役が一三世紀はじめにあったことがわかる。また、七郷のうち西御門郷と不開御門郷は建仁《けんにん》二年（一二〇二）の文書（『鎌倉遺文』一三一三）に、西穴口郷は建《けん》暦《りやく》三年（一二一三）のもの（福智院家文書）に、新薬師寺郷は貞永元年（一二三二）の史料（『鎌倉遺文』四三九四）にそれぞれはじめて登場する。このように、一三世紀はじめに七郷の呼称の初見が集中するということは、七郷が一二世紀末に成立したことを推測させる。

ところで、四面郷という東西南北の里の在り方はたいへん自然なものに感じられるが、それに対して七郷というものには人為的な臭いが強くする。

七というのは、中世の人びと、とくに寺院社会で尊ばれ好まれた数である。思いつくままにならべてみても、七大寺《しちだいじ》、七堂伽藍《しちどうがらん》、七観音《しちかんのん》、七福神《しちふくじん》、七献《しちこん》、七雄《しちゆう》、七祖《しちそ》、七教《しちきよう》等々、いろいろある。七郷という呼び方も、南都七郷にかぎらず、中世では日本の各地でみられるものである。

こうしてみてくると、四面郷に住んでいた人びとが自然に七郷を形成したとは考えられず、誰かが、いつの時点かで、きわめて人為的、計画的に四面郷のなかに生まれた多くの小郷を七郷という七つのグループに組み分けしたと思われるのである。

では、いつ、誰が、なんのために、行なったのであろうか。

これらのことに直接答えてくれる史料はないが、もう少し想像をおし広げていこう。まず、何のために、誰が行なったのかという問題から。さきに「七郷」という呼称は「七郷平均掃除の役」という一節中にはじめてみられるといった。この一節から七郷は掃除役を賦課される単位であることがわかる。賦課しているのは興福寺である。

他の似たような例をみよう（『鎌倉遺文』一三一三）。

別会所《べちえしょ》下す　西御門ならびに西不開御門両郷民等

早く例に任せて若宮祭《わかみやさい》の細男《せいのう》の頭《とう》を勤仕《ごんし》すべき事

右、下知《げじ》の旨《むね》に任せて、懈怠《けたい》なく勤仕すべきの状、仰《おお》するところ件《くだん》の如し。敢《あ》えて違《い》失《しっ》する勿《なか》れ。故《ことさら》に下す。

建仁二年八月十三日　堂達《どうだつ》権専当《ごんのせんとう》某

別会五師大法師《べちえごしだいほうし》在判

これは、さきに触れた西御門郷と（西）不開御門郷の初見史料で、興福寺の別会所という機関が発給した下文《くだしぶみ》という形式の文書である。興福寺が、西御門郷と不開御門郷の郷民に、春日若宮祭（おん祭り）の細男（一種の踊り）という奉納芸能の頭役《とうやく》（おそらく経済的負担）を勤めるように命じたものである。郷に対して春日社の神事にかかわる課役がかけられることを予想させよう。

もうひとつ、みてみよう（福智院家文書一七）。

　別会所補任す　西穴口郷菩薩舞《ぼさつまい》事
　藤井国重《ふじいのくにしげ》　惣一《そういち》
右の人、宜《よろ》しく常楽《じようらく》・法花両会《ほつけりようえ》の菩薩舞の仁《じん》たるべし。其《そ》の所役《しよやく》すでに厳重清撰の器量として平民に准ずべからざるか。自余《じよ》の郷役においては、皆もって免除せしめおわんぬてえれば、毎年恒例の課役として敢えて懈怠《けたい》致すべからざるの状、件の如し。
　　建暦三年二月十三日
　　　　　　　　　　　　左近将監狛《さこんしようげんこま》（花押）
　別会所　（花押）

同じく興福寺の別会所が出した任命書で、（西）穴口郷の初見史料である。これによって、藤井国重という人が、穴口郷の分として、興福寺で毎年行なわれる常楽会《じようらくえ》と法花会《ほつけえ》において、菩薩舞（菩薩の面をつけて行なう舞）の踊り手に指名された。そのような重要な役割を勤めるので、国重は「平民」＝普通の郷民が勤めなければならない他の「郷役」を免除される、だから毎年菩薩舞の役をしっかり勤めなさい、というのがこの文書の趣旨である。

ここから南都七郷の郷民は、興福寺にいくつかの郷役を勤めなければならなかったこと、その郷役は郷単位に賦課されるものであったことがわかる。やや後の史料には「七郷平均の在家役」と書かれてあり、七郷の郷民の家単位にかけられたことがわかる。

図5　信円僧正像（興福寺蔵）

要するに、南都七郷は、興福寺が郷民に掃除役や菩薩舞、細男頭役などの郷役を賦課するために編成されたものなのである。

では、いつそのような編成が行なわれたのであろうか。

さきにその時期を一二世紀末期と推測した。一二世紀末に興福寺は未曾有の事件に遭っている。治承《じしょう》四年（一一八

○）一二月の平氏による南都焼き討ちである。清盛の息子重衡《しげひら》に率いられた軍勢によって興福寺はほとんど丸焼にされてしまった。京都のある貴族は、人から聞いた話として、「興福寺・東大寺已下《いか》、堂宇房舎《どううぼうしや》、地を払って焼失」（『玉葉』）と日記に書いているが、これは決して誇張されたものではなかった。

興福寺の鎌倉時代は、この痛手からどう立直るか、いかにして寺内の再建を遂げていくかということから始まった。

院政期の興福寺では、長官僧である別当の影はうすく、衆徒《しゆと》・大衆《だいしゆ》とよばれた一寺の僧の集合体、あるいはその支持を得て、外からは悪僧と称されるほどの旺盛な活動を展開した僧たちが実権をもつことが多かったが、焼き討ち後の再建をリードしたのは別当の信円《しんえん》という人物であった。

信円は摂関家の出身で、保元《ほうげん》の乱で勝利をおさめた藤原忠通の子である。異母兄弟に『愚管抄《ぐかんしよう》』を書いたことで有名な慈円《じえん》がいる。幼くして興福寺に入っていたが、焼き討ち後に一寺の別当に就任した。このとき二九歳。以後、興福寺の再建に邁進《まいしん》し、三七歳で別当を退いたあとも奈良の南郊の菩提山正暦寺《ぼだいせんしようりやくじ》から一種の院政をしいた実力者である。

信円で注目されることはそれだけではない。鎌倉期以降の興福寺の特徴のひとつは、寺内の一乗院《いちじょういん》と大乗院《だいじょういん》のふたつの院家《いんげ》が、他の多くの院家から一頭地抜きんでた地位と力をもったことである。鎌倉初期に摂関家は近衛家《このえけ》と九条家のふたつに分裂したが、いくつかの紆余曲折《うよきょくせつ》はあったものの、近衛家系統の子弟が一乗院を、九条家系統の子弟が大乗院を代々継承するという体制の基礎を築いたのが信円である。

このように、中世興福寺の出発点に立っていたのが信円であるが、この信円が南都復興策のひとつとして七郷を編成したと思われる。このことについては後でまた触れたい。

中世の奈良を構成したのは、南都七郷だけではない。東大寺七郷、元興寺郷《がんごうじごう》、一乗院郷、大乗院郷とよばれる地域もあった。これらについてもみておこう。

東大寺郷

東大寺七郷あるいはたんに東大寺郷とよばれるのは、すでに触れた東大寺西里を中心に転害門《てがいもん》、中御門、国分門《こくぶもん》（いずれも西側の門）の門前に発達した町並みである。東大寺の北側の北御門の門前も東大寺郷である。七郷とよばれるようになるのは後のことかもしれないが、一二世紀には東大寺関係者の居住地としてあっただろう。

元興寺郷

つぎに元興寺郷についてみよう。元興寺は、飛鳥《あすか》にあった飛鳥寺が八世紀のはじめに平城京に移されたもので、中世には浄土信仰の中心地のひとつになるが、寺勢は平安中期ころから衰えたといわれている。元興寺郷というのは、もともと元興寺の境内であった場所が寺の衰退、寺域の縮小によって市街地化してしまったところである。室町時代の元興寺郷として南室《みなみむろ》、北室《きたむろ》、小南院《しょうなんいん》、中院《ちゅういん》、今御門《いまみかど》などの小郷が知られているが、室（僧房）や院（寺の建物）や門という呼称から推測できるように、元興寺の付属施設がかつてあったところである。本来元興寺の寺域は、北は猿沢池《さるさわのいけ》にいたり、興福寺と境内《けいだい》を接していた。そのような広い寺内がいつ縮小して元興寺郷が形成されたのかはよくわからない。宝徳《ほうとく》三年（一四五一）一〇月に土一揆《つちいっき》が元興寺を襲って放火してからだと考える向きもあるが、それでは遅すぎるだろう。嘉元《かげん》二年（一三〇四）の史料（『鎌倉遺文』二一七八二）に、すでに中院郷が成立していることをうかがわせる記述があるので、おそくとも一四世紀はじめには元興寺郷ができていたと考えておきたい。

両門跡郷

最後に一乗院郷、大乗院郷について。さきに触れたように、一乗院と大乗院は、中世興福寺の二大院家である。院家というのは、貴族出身の身分のある僧の住む建物、あるいはそこに編成されている組織・機構をいう。寺院という言葉があるように、古代・中世の大きな寺に一般的にみられ、寺のなかにある寺のようなものである。本寺とは別に本尊や経典などを持ち、独自の所領をもつ。興福寺では平安・鎌倉時代には大小あわせて五、六十の院家があったと思われる。院家の主人の僧を院主《いんず》といい、彼を頂点として何人かの、場合によっては多数の僧が主従制の関係に組み込まれていた。院主は、配下の僧に学問や秘伝の伝授、院家所領の給与などを行ない、それに対して僧たちは院主の身の回りの世話をはじめとしてさまざまな奉仕を行なった。要するに、御恩と奉公の関係で結ばれていたのである。興福寺の僧の多くは、興福寺大衆《だいしゅ》の一員であると同時に、どこかの院家に所属する存在でもあった。

京都の摂関家の男子は、一一世紀の後半から興福寺に入りはじめる。興福寺が藤原氏の氏寺《うじでら》であることを考えると、意外に時代が降ってからのことという感じがするが、彼らは興福寺では一乗院に入ったのである。こうして、まず一乗院が「貴種」の入室・継承する院家として発展していく。やがて一二世紀中ごろには大乗院も摂関家出身の僧たちが継承する院家となった。両院家は、その格の高さから門跡とよばれることがある。

さきにみた信円は、平氏の南都焼き討ちのころ、一乗院と大乗院の両方の院主の地位についていた。当時、摂関家は近衛、松殿《まつどの》、九条の三つの家に分裂していた。信円は、一乗院を九条家出身の、大乗院を松殿家出身の弟子に譲った。このまま摂関家が三家に分かれて続き、何ごともなければ、興福寺の両院家は、一乗院が九条家の、大乗院が松殿家の握る院家となっていっただろう。しかし、そうはならなかった。摂関家嫡流《ちゃくりゅう》の近衛家が興福寺の院家支配への割り込みをはかったのである。結局、松殿家が没落したということもあって、紆余曲折のすえに一乗院を近衛家が、大乗院を九条家が握るようになる。鎌倉時代以降の興福寺の歴史は、ある意味ではこの両院家の対立と抗争の歴史である。

一乗院郷、大乗院郷は、こうして興福寺のなかでにらみあって並立するようになった両院家が、奈良のなかに持ったそれぞれの所領、領地である。

では、一乗院郷、大乗院郷の成立はいつごろだろうか。一乗院郷、大乗院郷の史料上の初見が南北朝期なので、その成立を鎌倉末期ころと考える慎重な見方があるが、私は一三世紀はじめころまで、つまり南都七郷が成立してまもなく、両院家がそれぞれ別の家に握られるようになったころまでさかのぼるのではないかと思う。残念ながら裏付けとなる確かな史料はなさそうだが、室町時代の奈良の一部を描いた絵図（小五月郷指図写、「肝要図絵類聚抄」）に、興味深い記事がある。信円が自分の奈良の所領を南都七郷や一乗院郷に「配分」したというものである。この記事は、大乗院の立場から書かれており、大乗院に配分したことは当たり前のこととして省略されている。信円の時代とくらべるとはるか後の証言なので従来ほとんど顧みられていないが、彼の時代に南都七郷が整備されたことは確実であるし、両院家をあわせ持っていた信円が、それらを分けて二人の弟子に譲与するにあたり、同時に奈良の所領も分けたということはきわめて自然なことではなかろうか。私はこの記事を基本的に信用したい。つまり、一乗院郷・大乗院郷は、信円の晩年あるいは没後まもなく、年代でいえば一三世紀はじめ、あるいは半ばには成立していたと考えるのである。

以上で中世の奈良の市域が出揃った。中心部は南都七郷あるいは寺門七郷とよばれる地域で、興福寺一寺がここの領主である。北のほうに東大寺が領主である東大寺郷あるいは東大寺七郷がある。興福寺の西北部をひとつの中心として、同寺の有力院家である一乗院の一乗院郷がある。それに対して、興福寺の南を中心にしてもうひとつの有力院家である大乗院の大乗院郷がある。そして、元興寺の周辺には元興寺郷がある。元興寺の禅定院《ぜんじょういん》を大乗院が握っていたので、元興寺郷の領主権は大乗院にあった。

次章からは、おもに室町時代の大乗院の院主である尋尊《じんそん》の日記によりながら、この町の中世を生きた人びとの意外に新しい面と、今日のわれわれの感覚ではやや飲み込みにくい古い面の両方をさぐっていこう。鎌倉時代の奈良についてはまとまった史料がなく、ほとんどなにもわからないので、後日の課題としたい。

郷と郷民

七郷の機能と構造

尋尊と日記

最初に、大乗院尋尊《じんそん》（一四三〇〜一五〇八）と彼の日記『大乗院寺社雑事記』について簡単に説明しておこう。尋尊は摂関家一条家の出身で、父親は「公事根源《くじこんげん》」や「樵談治要《しょうだんちよう》」の作者として高校教科書などにも出てくる一条兼良《かねら》である。一条家というのは、二条家とともに鎌倉後期に九条家から分立した家で、同じころ、近衛家も鷹司《たかつかさ》家という家を分立させている。これによって、摂関家はいわゆる五摂家《ごせっけ》となり、明治維新までこれらの五摂家から摂政・関白がでるという体制がつづく。

興福寺の大乗院は、鎌倉時代以降、おおむね九条家によって握られていたが、同家に適当な男子がいない場合には一条家や二条家の子弟が入った。尋尊は、ほぼ一〇〇年ぶりに一条家から出た大乗院院主である。三〇歳のころに興福寺の別当を三年ほどつとめた。『大乗院寺社雑事記』は、宝徳二年（一四五〇）から永正《えいしょう》五年（一五〇八）の死の直前にいたるまで書かれた詳細な日記で、この時期の社会全般に関する一級の史料である。尋尊は、この日記のほかにも多くの記録類を筆写して残している。現在それらはいくつかのグループに分かれ、東京の国立公文書館、主婦の友社お茶の水図書館、広島大学などに所蔵されている。それらの中には同じものがいくつかあり、尋尊は労をいとわず、同一のものを何度か作成したり写したりしたことがわかる。こうした点から、尋尊はマニアックな記録取りとみられているが、彼の驚嘆すべき仕事は、そのマニアックな性格のせいだけではあるまい。さきに述べたように、一条家は長いあいだ大乗院の院主を出していなかった。つまり、院家経営のノウハウを持っていなかったのである。あるいは持っていたとしても、それは古くなって使いものにならなくなっていたと思われる。尋尊は、おそらく自分の後継者の便宜を考え、目に付いたものを片っ端から筆写して蓄積し、さらに詳細な日記を書いたのであろう。

以下、『大乗院寺社雑事記』の記事による場合は、年月日だけを注記しておく。

まず、奈良の町がどのような支配をどのような仕組みでうけたのかを探っていこう。

南都七郷は、掃除役、菩薩舞、細男頭役などの課役を興福寺がかけるためにつくられたことをさきにみた。掃除役が七郷にかけられているのは『大乗院寺社雑事記』に何度かみられ、尋尊の時代になってもその性格は基本的に変わらないと思われるが、一五世紀には人夫役の賦課が目立つ。

人夫役といってもいろいろなものがあるので、具体的にみていこう。

京上人夫

最初に、モノを運搬させられる人夫役があげられる。じつにさまざまなものの運搬、運送に奈良の人びとは徴用された。なかでも贈答品はその公的な性格のせいか、日記にはよく書き留められている。興福寺から京都の朝廷、幕府、大名、公家、寺院などへ、八朔《はっさく》（八月一日）などの折りにいくつかの品物が送られた。

一番よく登場するのが酒である。これは史料上、「榼《たる》」と出てくることが多い。たとえば文明一六年（一四八四）一一月、足利義政はしばらく「奈良酒」の進上がないので、家来を通じて催促した。義政は、奈良の酒が好きだったのだろう。それに対して尋尊は「御榼三荷・唐布二合」と蜜柑《みかん》の籠一つを、七郷人夫《しちごうにんぷ》三人と御童子《おんどうじ》（寺院の下級職員）をもって進上している。ちなみに、「唐布」は豆腐のことで、これも七郷人夫はしばしば持たされている。

酒と同様、瓜《うり》も中世大和の名物のひとつであった。瓜は、ちかごろではほとんどみかけなくなったが、私が子供のころには、まだ「まくわ」(真桑瓜)があり、おやつがわりによく食べた。中世の大和などで栽培された瓜は、この仲間であろうか。瓜は、中世ではおめでたい作物で、京都に進上される主要な品目のひとつであった。京都には、五、六、七月の三ヵ月、大和だけでなく、近江《おうみ》(現滋賀県)や丹波《たんば》(現京都府・兵庫県)からもおびただしい数の瓜が運ばれてきた。これらの国に荘園や領地を持つ寺院や神社、それに守護が、朝廷や幕府などに献上するためである。

時代はさかのぼるが、『今昔物語《こんじゃくものがたり》』巻二八に、「今は昔、七月許《ばかり》に、大和国より多くの馬共瓜を負《おお》せ列ねて、下衆共《げすども》多く京へ上りけるに」ではじまる話がある(「外術《げじゅつ》を以て瓜を盗み食はるる語《こと》、第四〇」)。話のあらすじはつぎのとおりである。七月の暑い日に、大和から男たちが多くの馬をつらねて瓜を京都へ運んでいた。宇治《うじ》の北の、とあるところの木陰《こかげ》で一行は休憩をとった。瓜を詰めた籠が馬の背からおろされ、馬にも休息が与えられた。男たちは、荷物の瓜とは別に自分たちが持ってきた瓜をぱくつき、喉の渇きをいやした。そこへ、大変年老いた翁《おきな》がひとりあらわれて、自分にも瓜をひとつくれとせがむ。それに対して男たちは、「差し上げたいが、瓜は自分たちのものではない。さるお方が京都に遣《つか》わされるものだ。あげるわけにはいかない」という。翁は、「こんな哀れな年寄にひどい仕打ちだ」、「それなら自分で瓜を作るからいい」といって、その辺の土を棒切れでたがやし、男たちが食い散らかした瓜の種をまいた。すると、たちまち芽が出てみるみる生長し、瓜ができた。翁はその瓜を食い、通行人にも、また男たちにも気前よく振る舞って姿を消す。びっくりしていた男たちが気をとり直し、荷物を馬の背に載せて出発しようとしてはじめて籠のなかが空っぽで、翁の妖術にひっかかったことに気付いた。

『今昔物語』の編者は、男たちがケチらずに、瓜を二、三個この翁にくれてやっていれば、こんな目に遭わずにすんだのにと、この話を締めくくっている。私は、編者のこの見方には共感できない。編者は、瓜は本当は男たちの所有物、京都に売りにいく商品だとでも考えたのであろうか。そうではない。男たちが「さるお方が京都に遣わされるもの」と言っているのはウソではあるまい。これは、奈良から京都に届けられる献上品だった。男たちはその人夫として駆りだされたのである。おそらく、ひと籠には何個の瓜とまで規格化されていた。したがって、勝手にそれを食べたり、ひとにあげたりすることはできないのである。

瓜を全部なくして奈良へ帰らざるをえなかった人夫たちがどんな目にあったか、彼らのその後が気にかかるが、それはともかくとして、興福寺の別当が徴用した七郷人夫の姿のひとつが、この『今昔物語』の話によって具体的に想像できるだろう。

このほかに奈良の住人が京都などへ運ばされた贈答品として、筍《たけのこ》（竹の子）、柿、桃、石榴《ざくろ》などの産物、円鏡（鏡餅）や「折《おり》」と書かれる箱詰めの食品（麵や饅頭《まんじゆう》や海苔《のり》など）があった。

興福寺からの贈答品の運搬以外に奈良・京都間で多いものは、興福寺関係者の恒例・臨時の往復にともなうお供である。この場合に七郷人夫が何を運んだのか、書かれていないのが普通なので、はっきりとはわからないが、おそらく衣類（法衣《ほうえ》）を中心とする身の回りのものや、やはり京都へのお土産がおもな荷物であっただろう。

ところで、七郷人夫は、われわれ歴史を調べる者にとってちょっと面白いものも運んでいる。日記と絵巻である。

文明一四年（一四八二）一二月に、尋尊は「家門《かもん》御記（家の記録）」である『玉英《ぎよくえい》』と『玉葉《ぎよくよう》』を京都に七郷人夫をもって送ったことを記している。『玉英』とは尋尊の曾祖父《そうそふ》で関白、左大臣をつとめた一条経通《つねみち》の日記である。鎌倉末から南北朝期にかけて記されたこの日記は、そのごく一部しか今日残っていない。『玉葉』は、鎌倉初期の九条兼実《かねざね》の日記で、現在宮内庁などに写本が残っている。兼実はさきに触れた信円の異母兄でふたりの仲はよく、信円はしばしば『玉葉』に登場する。尋尊は、その筆まめな性格から考えてこれらの日記を筆写したのではないかと思われるが、残念ながら伝わっていないようである。ただし、どこかに人知れずに眠っている可能性もある。

絵巻は、現在国宝となっている「玄奘三蔵絵《げんじょうさんぞうえ》」（大阪市藤田美術館蔵）である。鎌倉末期につくられ、中国・唐の人で法相宗《ほっそうしゅう》の開祖である玄奘の一生を描いたもの。長享《ちょうきょう》二年（一四八八）八月、尋尊はときの後土御門天皇《ごつちみかどてんのう》の命によって、大乗院の下級職員に七郷人夫一人を添えて「玄奘三蔵絵」を京都に進上した。送り方はそれほど厳重には思えないが、「御叡覧《ごえいらん》の後は、早々に返し下さるべし」と天皇に注文をつけているから、やはり大切にされていたものであることがわかる。

以上、京都と奈良のあいだを行き来した七郷人夫をざっとみた。このタイプの人夫は、京上人夫《きょうじょうにんぷ》と当時よばれた。

奈良巡人夫

それに対して、奈良のなかでつかわれた七郷人夫がある。これは、場合によっては奈良巡人夫と書かれている。「ならめぐりにんぷ」と読むのであろうか、読み方はよくわからないが、つぎにこれについてみてみよう。

もっとも多いのは建築や作事に動員された場合である。例をひとつあげよう。康正《こうしょう》三年（一四五七）正月、尋尊は禅定院の築地《ついじ》（土塀）の工事をはじめた。禅定院というのは、もともとは元興寺所属の院家であるが、このころには大乗院の院主が住むところとなっていた。興福寺内にあった大乗院の建物は鎌倉末期に焼失してなくなっており、禅定院すなわち大乗院であった。

当初、尋尊は大乗院配下の僧や武士をつかって築地を作らせていたが、下地《したじ》（木や竹を編んだ土壁の基礎）などを用意するために、まもなく七郷人夫をつかうようになる。このとき尋尊は一寺の別当であり、七郷人夫徴用の権限をもっていた。その人夫の数を毎日三〇人と尋尊は記している。築地工事は、翌年の一一月まで、あわせて約二二ヵ月かかっているので、もしこの間、毎日休みなく三〇人徴用されていたとすれば、のべ人数は二万人近くになる。

七郷人夫は、将軍足利義政の庭づくりに際しても動員されている。義政が河原者《かわらもの》とよばれた庭師を大和に派遣して庭のための木を求めさせたことがあった（長禄二年正月）。河原者は、大乗院およびその配下の寺院から、松や柏など三〇本ほどの木を選んだが、これらの木は、元興寺郷からの人夫とともに七郷の者が木津《きづ》まで運んだ。

このほかに池浚《いけさら》いに動員されたこともある。

建築や工事関係について目立つのが、寺内外で行なわれる恒例・臨時の行事（法会・神事）の準備や後片付けに徴用される場合である。行事の会場となる場所に必要な道具や調度がそろっていることは少なく、必要なものは興福寺内の他所から、また外の寺院などから借用された。これらの搬入と返却に七郷人夫がつかわれた。たとえば、文明一二年（一四八〇）一一月、大供《だいく》という行事のために東室《ひがしむろ》という建物に七郷人夫をもって運び込まれたものを書き出してみよう。

仏台（仏像を安置する台であろうか）　磬台（磬《けい》＝打楽器を置く台であろうか）　礼盤《らいばん》（僧が座る席）　机二脚　花足《けそく》（机や台の一種）二　花瓶二　火舎（香炉）一　高灯台（高い燭台）二本　光灯台（燭台）一　御簾《みす》（すだれ）八間　籠丸（？）五間　箒《ほうき》一　チリ取一　紫（畳）三帖　小文（畳）六帖　花籠《けこ》（花を入れる仏具）二〇枚　樒花《しきみばな》（仏前に供える花）　瓦硯（瓦で作った硯）　油　灯心

ここにも見られるが、畳の借用・返却が多い。今日の感覚からすると、どうしてそんなものを貸し借りするのか、不思議かもしれない。しかし、絵巻をみればわかるが、当時は今日のように部屋のなかに畳を敷きつめてはおらず、床の過半は板敷きであり、人が座る場所だけに畳がある。そこで、多くの人が集まるようなときには、ふだん以上の畳が必要になるのである。なお、空間を仕切り分離する屏風《びょうぶ》も、よく貸し借りされるものであった。

法会・神事関係で付け足しておけば、行事が夜間に行なわれるとき、しばしば松明《たいまつ》持ちの役が七郷にかけられた。

また、これは作事関係ともいえるが、春日若宮祭（おん祭り）のお旅所《たびしょ》の仮神殿の用材が、七郷人夫の運搬によることがままあった。

公私に

以上、南都七郷には興福寺から人夫役が賦課されることと、その人夫役のいくつかをみてきた。南都七郷は、興福寺一寺の所領であるから、七郷から人夫を徴用する権限は別当にある。しかし、注意深い読者はお気付きのことと思うが、そのことは、七郷人夫が興福寺一寺の公的な用務に使われることを必ずしも意味しない。すでに見たように、尋尊は別当の地位にあった時に、七郷人夫を自分の居所である禅定院の築地の築造のために使っている。これは明らかに、別当個人の私的な用務である。今日ならば公私混淆《こんこう》のそしりをまぬがれないだろう。しかし、中世では職務を遂行するための権限や予算と、その職務ついている人間個人の権利と給与との区別が明確ではない。つまり、いわゆる役得《やくとく》が当たり前の社会なのである。このようなわけで、七郷人夫はしばしば別当の私的な用務にあてられた。

一五世紀には、七郷人夫のつかいすぎが問題となった。寛正《かんしょう》六年（一四六五）一〇月、尋尊は奈良巡人夫として七郷人夫三〇人の使用許可を、ときの別当である松林院兼雅《しょうりんいんけんが》に申請した。しかし、このとき官符棟梁《かんぷとうりょう》（後述）として奈良を支配下に収めていた筒井順永《つついじゅんえい》は、七郷人夫を「余方に許可すべからず」、つまり別当でないものに使わせるなと兼雅に連絡してきていた。兼雅は、主家筋にあたる尋尊の要請と、ときの覇者である順永の圧力にはさまれて苦しみ、しかたなく松林院の自分の所領から人夫を召して尋尊のもとに差し出している。順永は、文明二年（一四七〇）には自分の使う分を年間三〇〇人、三沙汰《さた》衆《しゅう》（後述）の分を各一五〇人と定め、同時に別当の分も定めたようである。文明一二年五月の記事によると、このとき奈良を押さえていた古市澄胤《ふるいちちょういん》が、善政の一環として「当年中、奈良人夫召し仕うべからず」という誓いを立てている。奈良を治める者は、人夫の徴用に気を使わざるを得なかったようである。

沙汰者・主典

つぎに、七郷の支配機構をみておこう。

七郷には一ないし二名の主典が置かれた。これは、「さかん」と読むの

である。文明一二年六月の記事では、

南大門郷　武元
新薬師寺郷　国友
東御門郷　友清・友次
北御門郷　武房
穴口郷　行国
西御門郷　友安
不開御門郷　友盛・宗弘

と、九人の主典の名前が知られる。この記事は、尋尊が「両沙汰者」に命じて得た報告である。右の引用には記さなかったが、新薬師寺郷主典の国友と、穴口郷主典の行国の名前の右に「沙汰者」と小さく注記されている。つまり、主典のなかから二名が選ばれて沙汰者として主典を統括したのである。沙汰者は毎月交代で勤務し、人夫役などに関して別当の命を受けた（文明一二・四・三〇）。七郷は、別当―沙汰者―主典というラインで支配されたのである。

これらの主典・沙汰者は、興福寺の支配の末端に位置したわけだが、住民の代表でもあったのだろうか。その点をみておこう。

行国は、興福寺のなかで仕丁という下級の職務についていた。衆中（後述）の指揮下で喧嘩人の家屋を差し押えるような仕事にも従った。その住所は脇戸郷《わきどごう》で、これは南大門郷に属し、行国が主典をつとめる穴口郷の小郷ではない。つまり、行国は、穴口郷の住民代表というわけでない。

東御門郷の主典のひとりである友清の住所もわかる。友清は東大寺郷の転害郷に住んでおり、彼も自分の担当する郷の住人でない。その他の主典・沙汰者の住所はわからないが、彼らはすべて興福寺の堂童子《どうどうじ》という身分をもった下級の職員であったと思われる。そういった点から考えて、主典・沙汰者に住民の代表としての側面はおそらくなく、興福寺の支配を最前線で担ったものということができよう。つまり、南都七郷には住民の共同体としての側面はなく、これは支配のためのまとまりであったのである。

小郷の機能と構造

では、中世奈良の人びとはどのようなまとまりを形成していたのだろうか。それが、小郷《しょうごう》とよばれるものである。

両側町

小郷は、一本の道の両側に立つ家並みからなる。いわゆる両側町《りょうがわちょう》である。現代の町は、道によって囲まれたブロックを単位としている。これは、地図上に表わすときなどには便利であるが、同じ町に属していても、ブロックの反対側の家と家とはあまり縁はないだろう。それに対して、たとえ異なる町名がついていても、道を隔てただけのお向かいの家とはなにかにつけて行き来があるだろう。最近あまり聞かれなくなったが、向う三軒両隣という言葉もある。そういう意味で、道の両側つまり向かい同士をセットにしてひとつの町

（郷）を構成するほうが合理的な面もあるのである。

郷の住人は大きく分けて、若衆《わかしゆう》と老者《ろうじや》（年寄《としより》などともいう）のふたつの階層に分けられ、老者のほうが郷の運営や意志決定などに際してリーダーシップをとったようである。彼らのなかから刀禰《とね》や年預《ねんよ》などといわれた郷のリーダーが毎年交代で出された。彼らは一方では「有徳《うとく》の仁《じん》」といわれるようなお金持ちでもあった。

郷は惣郷《そうごう》といわれ、連帯責任をとらされる、一種の運命共同体だった。たとえば、大乗院郷や元興寺郷の場合、郷内で喧嘩《けんか》があった場合には、ただちに領主である大乗院に注進する義務を負わされていた。あるとき、元興寺郷の中院郷《ちゆういんごう》で喧嘩があった。大乗院から先例にしたがって検断《けんだん》が行なわれ、力者《りきしや》（力仕事をする下級職員）三人が派遣されて喧嘩の後始末がなされた。このとき、郷民は報告を怠ったとして惣郷に使いがつけられた（長禄三・三・一五）。使いをつけるというのは、それほど重くないが処罰の一方法で、その使者におひきとりを願うために相応にもてなす必要があった。罰金刑と考えていいかもしれない。この費用を郷全員で分割・負担しなければならなかった。

郷の防衛も、郷民によって担われた。近世の奈良には、町と町の境に木戸があって町を守っていたが、その原型が中世にある。これを尋尊は『大乗院寺社雑事記』で「針貫《はりぬき》」と記している。京都など他の地域では同じものが釘貫《くぎぬき》とよばれたので、尋尊も「釘貫」と書いたつもりかもしれないが、「針貫」と読めるので、ここではそう読んでおく。明応《めいおう》九年（一五〇〇）二月には、「奈良中町々針貫」の構築が興福寺から命じられている。敵がやってくると、針貫を「指堅《さしかため》」てそこで討つという仕掛けである。

地下の堂　さて、郷には尋尊が地下《じげ》の堂とよぶお堂があった。ここが郷の人びとの集会所で自治の拠点であった。図6は尋尊が写した奈良の市街図をさらに江戸時代に写したもの（部分）であるが、道に面して、あるいは十字路などにみえる小さな区画が地下の堂である。十字路すなわち辻にあることが多いので、辻堂《つじどう》ともよばれた。

郷の堂を『大乗院寺社雑事記』からひろうとつぎのようになる。

梅坂郷	梅坂郷の堂	椿井郷《つばいごう》	椿井郷堂、椿井堂
京終郷《きょうばてごう》	京ハテ堂	紀寺郷《きでらごう》	天皇の堂
吐田郷《はんだごう》	吐田堂	三条郷	弥勒堂
上三条郷	善法堂	二条郷	二条の堂
高畠郷《たかばたけ》	高畠堂		

（以上、南都七郷）

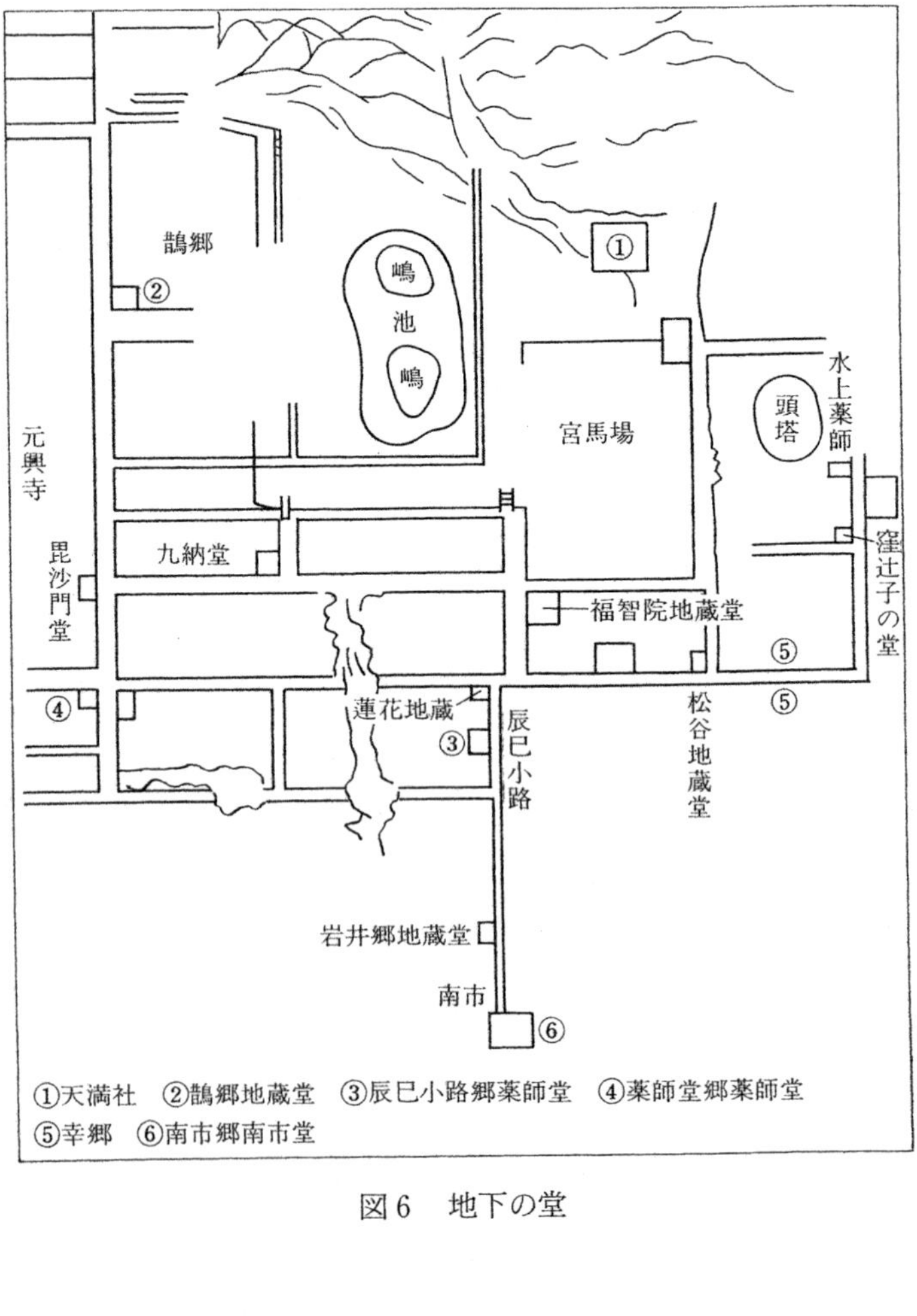
鵲郷
②
嶋
池
嶋
①
宮馬場
頭
塔
水上薬師
元興寺
九納堂
毘沙門堂
福智院地蔵堂
窪辻子の堂
⑤
④
蓮花地蔵
③
辰巳小路
⑤
松谷地蔵堂
岩井郷地蔵堂
南市
⑥
①天満社　②鵲郷地蔵堂　③辰巳小路郷薬師堂　④薬師堂郷薬師堂
⑤幸郷　⑥南市郷南市堂

図6　地下の堂

鵲《かささぎ》郷《ごう》　地蔵堂、毘沙門堂、九納堂《くのうどう》
薬師堂郷　薬師堂　南市郷　観音堂
桶《おけ》井《い》郷《ごう》　帝尺堂　松谷郷《まつたにごう》　弥勒堂
辰巳小路郷　薬師堂　幸郷《さいわいごう》　薬師堂
岩井郷　地蔵堂
（以上、大乗院郷）
小南院郷《しょうなんいんごう》　小南院堂　寺林郷《てらばやしごう》　寺林堂
（以上、元興寺郷）

右のうち、大乗院郷の薬師堂郷と薬師堂について、尋尊はこう述べている（康正三・四・二八）。

毎事惣郷のこと、トネ相《あ》い催して薬師堂を集会所に沙汰せしめ、会合評定するなり。

惣郷（薬師堂郷）に関することはすべて、刀禰が郷の人びとを召集して薬師堂を集会所として会合し評定する。ここには、薬師堂が薬師堂郷の人びとの自治の拠点であることが簡潔に述べられている。鵲郷では、郷の若衆たちが涅槃図《ねはんず》を買い求め、二月一五日の釈迦《しゃか》入滅の日にこれを地蔵堂にかけて涅槃会《ねはんえ》を行なっている（明応七・二・一五）。鵲郷では老

図7　現在の町会所図面（谷直樹氏による）

角振町

東城戸町

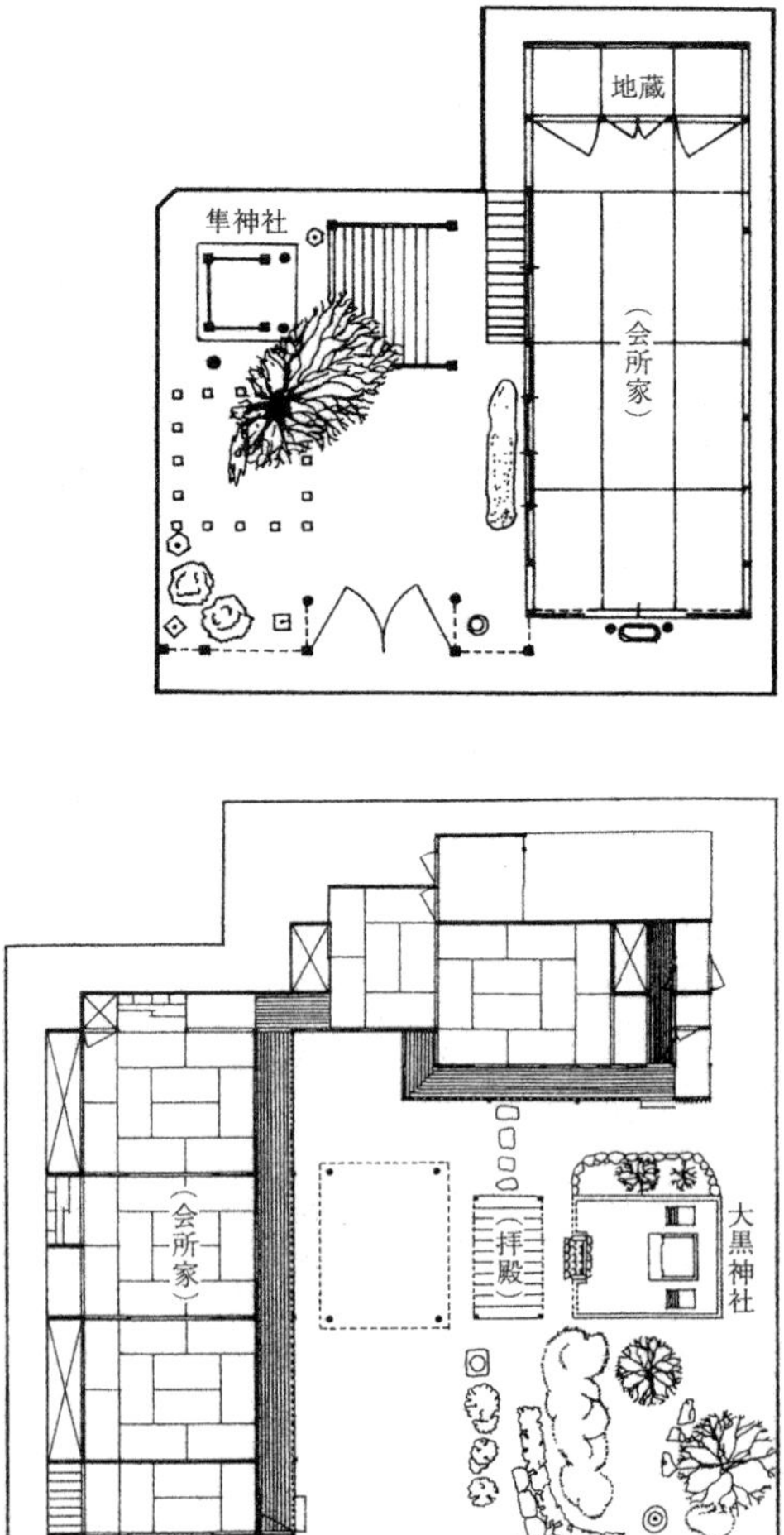

（谷直樹ほか「旧奈良町の町会所建築について」『大阪市立大学生活科学部紀要』三二、一九八五年三月より転載）

衆が頼りない存在となり、若衆がイニシャティブをとったらしい。幸郷の郷民は、地下の堂（薬師堂か）で大酒盛りをしたという（文明一五・六・二三）。私は、この幸郷の大酒盛りの記事を読んだとき、かつてニュータウンの新しい団地に入居し、数人の人たちと一緒に自治会をつくったことを思い出した。自治会の設立と活動は、忍耐と根気のいる仕事であった。うっぷん晴らしの意味もあって、団地の集会所で設立メンバーとしばしば酒を飲んだ。そのことを思い出して笑ってしまった。昔から自治会と集会所に酒はつきものなのかもしれない。

話をもどそう。地下の堂に関する情報は多くない。さきに機械的にリストアップした堂のなかには、やや異なった性格をもったもの、あるいはもっと複雑な性格をもったものも含まれているだろう。たとえば、吐田堂《はんだどう》がそうである。ここでは春日山の木を盗んだ泥棒の拷問《ごうもん》が行なわれている（文明一七・一〇・一）。興福寺の僧の集会所や、のちに述べるように武士の奈良支配の拠点として使われたものもあった。しかし、たとえそのような使われ方があっても、その多くは薬師堂などと同様、郷民の自治の拠点としての性格をもつものと考えてよいだろう。

ただし、手放しでそう評価することはできない。堂で大酒盛りを行なった幸郷民は、領主の大乗院から譴責《けんせき》を受け、二度としないと誓わされている。また古くなった堂の再建や、堂のわずかばかりの所領の管理が大乗院によって行なわれている例があるように、堂はまだ領主の所有するものであった。その堂のように、まだまだ人びとの自治は発展途上にあったが、小郷こそ奈良の都市民の形成した共同体だったのである。

地下の堂は、自治の拠り所であっただけではない。そのほかにもいくつかの役割を持っていた。

そのひとつは、郷民の信仰の場でもあったことである。鵲郷の人びとが釈迦入滅の日に涅槃会を堂で行なっていたことをさきに述べた。その他、春日講《しゆんにちこう》も行なっていたと思われる。春日講は、春日社の境内の絵や、神様の使者として大事にされた鹿の絵を描いた掛け軸（春日曼陀羅《まんだら》）などを飾り、そのまえで神事と宴会を定期的に行なう春日信仰の行事である。中世の地下の堂でやっていたという証拠はないが、江戸時代になると町の人びとはそれぞれの町の町会所《まちかいしよ》でこれを行なっている。町会所は地下の堂の後身である。支配者側の史料に書き残されることはなかったが、中世から地下の堂で、それぞれの郷の春日講が行なわれていたとみていいだろう。

つぎに、これは不確かな推測であるが、無常堂《むじようどう》、延寿堂《えんじゆどう》として使われた可能性もある。

無常堂、延寿堂とは、死にかかっている人を捨てに行くところである。現在でもお葬式から帰ってくると、玄関先で塩をふりかけてから家に入るということをやっている人が多いと思うが、これは死のケガレ（穢れ）に接触したので、身を清めているのである。死をケガレとする観念は、中世ではもっと強かった。貴族の日記などには、瀕死の使用人をいよいよというときに家の外、たとえば川原などに捨てさせたという記事が出てくる。現代の感覚からすると、なんてひどいことをするんだと思うが、人が家のなかで死ぬと、その死によってその家中のものが穢れると考えられていたのである。身が穢れるととても出歩いたり、ましてや朝廷に出仕したりすることはできないので、貴族たちはケガレをできるだけ避けようと努めていたのである。

死にそうな人を遺棄するということの習慣が、奈良の町中にもあったらしい。尋尊の前の大乗院門主である経覚《きょうがく》が可愛がっていた彦喜久《ひこきく》という者が、長い闘病生活ののち、文安《ぶんあん》四年（一四四七）四月に舜信《しゅんしん》法師という僧のもとで亡くなった。経覚は深く悲しみ、二〇〇文を舜信に送って弔《とむら》った。ところがしばらくして、彦喜久は舜信の家で死なせてもらったのではなく、死に際して「辻堂等」に「引出」されたという話が伝わってきた。これを聞いて経覚は激怒し、現門主である尋尊のもとに詰問の使者を送った。結局、舜信のやったことは納得できないものであり、かつそれを門主である尋尊の命でやったというウソがばれて、舜信は大乗院からもらっていた御恩を取り上げられ、出仕を止められてしまった（『経覚私要鈔』）。

この話のなかの「辻堂等」は、町中の地下の堂を指すと思われるが、これ以外に堂が無常堂だったことを示す史料はまだみていない。福智院《ふくちいん》の地蔵堂に行って死ぬという話は二、三あるが、福智院の地蔵堂は他の堂と多少性格が異なるかもしれないので、一般化はできないだろう。そういう意味でまだ不確かな推測ではあるが、無常堂だった可能性は十分にあると考えている。

堂のいくつかの機能をみたが、現在、私がもっとも興味をひかれているのは、堂が小さいながらも一種の金融センターとしての機能を持っていたのではないかという点である。奈良の地下の堂では、ひろく憑支《たのもし》が行なわれていたのである。

郷民と憑支

相互融通

憑支とは中世以来ひろく行なわれた米や銭などの相互融通システムのことである。日本人や日系人がいるところでは、必ずといっていいほどみられたものである。最近では公邸人質事件に際して、ペルーでも日系人のあいだでひろく憑支が金融機関としての役割を果たしていることが報道されていた。

憑支にはさまざまなやり方があった。もっとも簡単なやりかたはつぎのようなものである。

ある人がまとまったお金が必要になった。この人をAさんとしよう。そして必要金額を一〇万円としよう。Aさんは利用できる金融機関がないなどの理由で、仲間のBさん、Cさん、Dさんなど一〇人に助けを求め、憑支を企画する。こうして、Aさんをいれて一一人で憑支《たのもし》講《こう》が結成される。講のメンバーのことを講衆《こうしゅう》といい、言い出した主催者のAさんを親《おや》という。講は親の名前をつけてA憑支とか、あるいはその目的が店舗改装であれば店舗改装憑支などと呼ばれる。講衆は、たとえば毎月一日にAさんの家に集まる。それぞれ一万円ずつ出しあって籤《くじ》で当選者を決め、その人が合計一一万円をもらう。翌月の一日に講衆一一人はまたAさん宅に集まり、一万円ずつ出しあい、すでに当選した者を除いて籤をひき、その月の当選者を決める。これを毎月、すなわち一一ヵ月にわたって全員が当選するまで繰り返すのである。ただし、最初の月は抽選を行なわず、親であるAさんが一一万円をとることはいうまでもない。

これがもっとも素朴な憑支である。この憑支では、講衆はそれぞれ毎月一万円ずつ、合計すると一一万円を出して、当選時に一一万円受け取ることになる。親は無利子で借金し、一〇ヵ月かけてそれを返済したことになる。親以外はいつ当選するか知ることはできない。

はやく当選すれば、親同様に無利子で資金を借りたことになるが、運が悪ければ無利子の積み立て預金をしただけのことである。はやく当選しても、その人がそのとき資金を必要としていなければ、あまり意味はないであろう。したがって、このような素朴な憑支は互助的、共済的なものにすぎず、親以外に経済的な意味はない。

もう少し複雑な憑支もある。当選が早いか遅いかによって、受け取り金に差を設けたものである。利子がつく憑支と考えてもいいかもしれない。たとえばさきのA憑支の場合、親である最初のAさんは一〇万円、つぎのBさんは一〇万二〇〇〇円、Cさんは一〇万四〇〇〇円というふうに二〇〇〇円ずつ増やしていき、最後一一番目のKさんは一二万円などというようにして差をつける。そして、余裕のある人は籤引きに当分参加しないことにする。こうすると、親以外にも計画的利用が可能になるし、資金運用の場ともなる。

さて、各郷の堂で行なわれていた憑支は、どのようなものだったのだろうか。残念ながら、これを直接示してくれる史料はまったく残っていない。一般に、憑支講は、全員が当選をはたしたところで解散される。何ごともなく無事に終了すれば、講に関する資料をとっておかなければならない理由はない。したがって、一般に憑支講に関する史料は残りにくいのである。堂で行なわれた憑支に関する史料がないのも、そういう意味では当然である。

では、堂で行なわれた憑支についてでは、一〇〇パーセント想像するしかないのかといえば、そうでもない。地下の堂とは違うが、新薬師寺と福智院で行なわれた憑支に関する史料が残っている。かなりの遠回りになるが、これらを手がかりにして、地下の堂の憑支について考えてみよう。

新薬師寺の憑支

新薬師寺は奈良の東南の端にある。ここで享徳《きょうとく》三年（一四五四）八月にはじめられた憑支についてみよう。親は、新薬師寺の僧一八名である。何の目的で行なわれたのか、史料（荻野家所蔵文書）に書かれていないので推測するしかないが、お寺の建物の建築・修理、仏像の新造・修復、あるいは仏具・道具の購入・修補などの必要があったのだと思われる。そうだとすると、これは新薬師寺一寺の公的な憑支で、一八名寄り合いの私的な憑支というわけではない。

掛け金は、ひと口二〇〇文。原則として毎月一度、八日が集会・抽選日であった。記録の途中に脱落が少しあるが、第八〇会まで記されているので、ごく単純に計算すると、二〇〇文×八〇回＝一六〇、〇〇〇文（一六〇貫文）となって、取《と》り足《あし》（当選金）は少なくとも一六貫文あったことになる。ただし、この点については、憑支のやりかたと関わってくる

表2　新薬師寺憑支参加者の居住地

東大寺郷	押上郷　転害郷　水門郷　宮住郷　今小路郷　中御門郷
南都七郷	三条郷　脇戸郷　高畠郷　今辻子郷　角振郷　中市郷　西御門高間郷　宿院郷　梨原郷（内侍原郷）　高間辻子郷　城戸郷　餅飯殿郷　井上郷　菖蒲池郷　小西郷　椿井郷　福井辻子郷　登大路郷　丹坂郷
一乗院郷	広岡郷　北市郷
大乗院郷（含元興寺郷）	小南院郷　辰巳小路郷　鵲郷　寺林郷　中院林小路郷　川上郷
不明・奈良外	池の端　氷室の前　誓多林　下御門
寺　　院	窪院　浄瑠璃院　興善院　福智院　南角院　南院　不動院　阿弥陀院　宝珠院　吉祥院　仏地院　北五大院　観音院　円満院　蓮成院　内院　香林院　清浄院　蔵西院

ので、あとでさらに考えたい。

さて、この憑支には奈良中から人びとが参加した。表2は、この憑支に関わった人の居住地を領主別に整理したものである。北は東大寺郷の転害郷、西は一乗院郷の北市、南は大乗院郷の川上郷や辰巳小路郷、東は新薬師寺のお膝元である高畠郷や丹坂《にさか》郷にいたる地域から多くの人びとが参加した。興福寺をはじめとする寺院の関係者や使用人も多かった。八郎古曾《こそ》のように何々古曾といわれている者がかなり見受けられるが、これらは寺院の内外に住んだ稚児《ちご》と思われる。稚児自身が憑支に参加しただけでなく、僧が彼らの名前を借りていた場合もあるだろう。

つぎに郷民の職業をみてみよう。まず紺屋《こうや》が目立つ。紺屋の居住地は散在している。菖蒲池郷《しょうぶいけごう》、角振郷《つのふりごう》、北市郷、広岡郷、中市郷《なかいちごう》、中院郷、小西郷などで、紺屋は奈良中にいたのであろう。近世には奈良の名物は白い麻布の奈良晒《ならさら》しであるが、中世では青い染め物が名物だったのだろうか。

酒屋は三人登場する。今辻郷の小法師と孫太郎、転害郷の福市御前である。奈良の酒を足利義政が好んだことは先に述べたが、一七世紀末まで奈良は酒の名産地である。

魚屋も四人参加している。彼らの家は三条郷、高間郷《たかまごう》、下御門郷であった。

その他、簾屋《すだれや》、鍋屋《なべや》、さかづきや（不詳）、あたらしや（不詳）、昆布屋《こんぶや》、紙屋、薬屋、鍛冶屋《かじや》、鞘巻屋《さやまきや》、杵屋《きねや》、茶臼屋《ちゃうすや》、蒟蒻屋《こんにゃくや》、塗師屋《ぬしや》、「よろつや」などがみられる。彼らは、なんらかのつながりを興福寺や一乗院、大乗院などと持っていることが多い。ほとんど必ず持っていると考えていいかもしれない。そのことをみておこう。

簾屋は二人、衛門三郎殿と四郎殿という者が加わっている。殿という敬称がつくから、ある程度の地位のあるものかもしれない。二人とも中市と記されている。そして、中市の簾屋といえば、思い出されるのが乙木座《おとぎざ》と相論《そうろん》を行なったことである。

現在天理市乙木町となっているところに、かつて乙木庄という庄園があった。室町時代、ここに簾《すだれ》を製造し、販売する簾座があった。この座は大乗院に属して保護をうけ、製造権は大和国内において独占的に持っていた。中市の簾屋は、この乙木庄の簾座から簾を仕入れ、それを京都に運んで売ることをおもな活動としていたらしい。ところが、応仁・文明の乱後の明応《めいおう》三年（一四九四）、年貢・公事の納入を怠ったために奈良での販売を乙木座が禁止されたすきに、中市の簾屋は奈良中での販売権を独占しようとした。この一件は、乙木座が大乗院門跡に訴え出て、中市を管理した興福寺六方衆《ろつぽうしゆう》が中市簾屋の主張を退けて落着した。簾屋は実際に中市に住み、六方の支配下にあったのであろう。

つぎに、鍋屋についてみよう。五郎殿という。これもやはり殿がついているので、社会的地位のある鍋屋であろう。その居住地は寺林郷となっている。『大乗院寺社雑事記』をみると、年の暮れになると「鍋売大工《なべうりだいく》」「鍋座大工《なべざだいく》」あるいは「鍋大工《なべだいく》」などといわれる者が「火カキ」をひとつ持って尋尊のところへ挨拶にやってくる。そして、お返しに門跡から紙二帖とお酒を頂戴して帰る。この「鍋大工」は寺林郷の者であった（文明一五・一二・一七）。「大工」というのは今日使われる意味とは少し違い、その職人集団のリーダーということである。鍋座を代表して毎年尋尊のもとに参上した寺林郷の大工が、新薬師寺の憑支に参加した五郎殿だった可能性は高い。

「よろつや」についてみよう。「よろつや」とは、要するに何でも屋のことだろう。鵲郷の又四郎という者である。「よろつや」であったことは知られていなかったが、この又四郎は、じつは研究者のあいだではちょっと有名な人物である。又四郎は大和国内のとある土豪の下人《げにん》であった。下人とは、簡単にいえば奴隷のことである。しかし、奴隷といっても、ここでは手足を鎖で縛られて自由を束縛されているような奴隷を考えてはならない。又四郎は、主人から独立して自由に活動し、そして富を蓄積できるような下人であったらしい。そういうおもしろいタイプの下人として注目されてきた。すでに「よろつや」として活動していたのかもしれないが、彼は嘉吉《かきつ》三年（一四四三）に一〇貫文の銭を自分の主人夫妻に払い、自分の身を請《う》け抜《ぬ》いた。つまり、自分で自分を買ったのである。そうして自由の身となったものの、どういうわけかまもなく子息ふたりとともに大乗院門跡に坊官《ぼうかん》として仕える福智院家の被官《ひかん》（家来）となる。やがて下の息子愛満丸《あいまんまる》が門跡である尋尊の寵愛をうけるようになり、このコネクションを利用してふたたび又四郎は自由を得る。新薬師寺の憑支に参加したのは福智院家の被官時代である。

以上、実際に裏付けが得られるものは多くないが、奈良の住人はすべて寺社の被官人であるという主張もあり、憑支に参加した人びとが興福寺をはじめとする寺院や神社の座衆として、また被官などとしてつながりを持っていたことは間違いないだろう。

つぎに、新薬師寺の憑支に参加した人びとの階層はどうだったのだろうか。この史料をはじめたみたとき、鍋屋や魚屋が登場するので、私は奈良のごくふつうの町人が参加している憑支だろうと考えた。しかし、鍋屋は、鍋座の大工である可能性があった。少なくとも殿をつけて呼ばれるような存在である。魚屋も三郎次郎殿、彦六殿と殿つきである。天秤棒をかついだ一心太助《いっしんたすけ》のような零細な行商の魚売りを当初想像してしまったが、どうもそうではないようだ。『大乗院寺社雑事記』の有徳人《うとくにん》注文つまり金持ちリストには、「次郎五郎　今辻子　ウヲヤ」と魚屋が登場する（康正三・二・二五）。憑支に参加するような魚屋も、富裕な魚屋であったのかもしれない。

有徳人注文がでてきたついでにもう少しこの康正三年（一四五七）のリストをみておこう。このリストには二〇人が有徳人としてあげられているが、そのうちの城戸郷《じょうどごう》の又六は、新薬師寺憑支の康正二年の四月か五月の項にでてくる「本人又六殿」であろう。また有徳人注文の川上の夜叉《やしゃ》五郎、三郎五郎、次郎四郎は、おのおの憑支の長禄《ちょうろく》四年（一四六〇）八月の「夜叉五郎」、同年六月の「河上餌屋　三郎五郎」、寛正二年（一四六一）一一月の「次郎四郎殿」と同一人物である可能性がある。

酒屋が中世の代表的な金持ちであったことは言うまでもないだろう。また、紙屋が二、三人登場するが、これらも金持ちであった可能性がある。そのなかに、宿院郷《しゅくいんごう》の四郎三郎殿という者が康正二年一〇月の項にみえる。長享《ちょうきょう》元年（一四八七）八月、元林院郷《がんりいんごう》の四郎三郎（六郎三郎とも）という紙売りが願主《がんしゅ》（スポンサー）となって興福寺の東北院で訓《くん》論《ろん》という行事が毎年行なわれることになった。その布施物としてこの紙屋は、一〇〇貫文の大金を出したという。尋尊は「希有《けう》の事なり」と書いている（長享一・八・二四）。憑支記録に登場する四郎三郎は宿院郷で、願主となった紙屋の四郎三郎は元林院郷である。また六郎三郎とも言われているので、同一人物である可能性はあまりない。しかし、紙屋のなかには大金を寄付して寺院の行事を創始するものがいたことは注目していいだろう。

以上、新薬師寺の憑支を簡単にみてきた。これは、奈良の町の、興福寺などとつながりを持つ比較的富裕な人びとの参加した憑支であった。殿の敬称がついている者が多いことが、それを物語っていると思う。また、この講では請人《うけにん》（保証人）がいないように思われるのも、参加者が比較的富裕層で、掛け金滞納の危険がそれほどではなかったからであろう。

それに対して、延徳《えんとく》三年(一四九一)に福智院で行なわれた憑支は、もう少し庶民的な、そして地域的にも限られたものだった。つぎにこの憑支について簡単にみておこう。なお、福智院は、大乗院郷である福智院郷にあった寺ないしは堂である。

福智院の憑支

まず参加者の地域からみると、表3に明らかのように、参加者は大乗院郷を中心とし、奈良の南部にほぼ限られている。一乗院郷や東大寺郷からの参加者がみられないのが特徴としてあげられよう。東大寺の戒壇院《かいだんいん》の名前がみえ、同院の長老である長悟房《ちょうごぼう》が参加していたが、これは東大寺の僧としてよりも、戒壇院が大乗院の祈願所であったからであろ

表3　福智院地蔵堂憑支参加者の居住地

南都七郷	貝塚郷　梅殿郷(紀寺郷)　子守郷　井上郷　中辻郷　椿井郷　餅飯殿郷　丹坂郷　三条郷　高間郷　東里郷
大乗院郷	鵲郷　福智院郷　毘沙門郷　松谷郷　瓦堂郷　中院郷　寺林郷　桶井郷　北室郷　元林院郷　薬師堂郷　公納堂郷　松南院郷　鶴福院郷
寺　院	多聞院　成身院　戒壇院　光林院　花林院　トウチウイン

表4　福智院地蔵堂憑支参加者の職業

餅屋　刀屋　茶屋　白銀屋　研ぎ屋　壁屋　腹巻き屋　薬屋　小物屋　うどん屋　瓦屋　鍛冶屋　魚屋　皮屋　畳屋　壁塗り　桶屋　赤がね屋　紺屋　紙屋　経師屋　塗師　塩屋　ぞうりや　ハチカネヤ

う。この憑支の目的は、福智院の地蔵堂の上葺《うわぶ》き（屋根の改築）の資金を調達することにあったが、参加者が限られたのは、福智院が大乗院の支配下にあったことが大きく関係しているのだろう。

つぎに参加者の職業・商売をわかるかぎり示すと、表4のようになる。紺屋、紙屋、魚屋など新薬師寺の憑支でも登場した富裕そうな参加者もみえるが、ここではむしろ壁塗り、桶屋《おけや》、研《と》ぎ屋、皮屋など職人が多い。職人のほうが商人より貧しいという根拠はほとんど何もないが、この憑支には請人が必要だったことが、参加者の階層を示唆しているように思う。いうまでもないが、当選金の受け取り後、脱落や逃亡などの恐れがあるから請人が必要だったのである。

表3や表4には、じつは請人に関するデータも含まれている。ひろく請人も憑支の参加者と考えたからである。請人と当選者との関係は一般にわからないが、なんとなく想像できそうなものもある。福智院郷の太郎と同郷の教浄《きょうじょう》はお互いの請人になっているが、これは近所のよしみによるものであろうか。私は、ふたりとも当選後に逃亡したらどうなるんだろう、ちょっとずさんなやりかたではないかなどと考えてしまうが、そんな恐れはなかったのかもしれない。教浄は、脇戸郷の白銀屋《しろがねや》の五郎次郎とも相互に請人に立っている。

ちなみに教浄は、大乗院に院仕《いんじ》として仕えている下級の僧である。中院郷の研屋である孫太郎は、鵲郷の刀屋である藤若と相互に請人になっているが、これは商売上の関係にもとづくものであろう。ただ、これら以外に見える餅屋と刀屋、薬屋と魚屋との関係になると、もはや想像の圏外である。

福智院地蔵堂は、福智院郷にあった町中の堂であるが、この堂は他の郷の堂、いわゆる地下の堂とは性格がやや異なるように思われる。なぜなら、この地蔵が鎌倉時代以来有名な地蔵で、当時奈良の内外から上下の参詣者を集め、興福寺や大乗院と特別の関係があったからである。したがって、この地蔵堂の修復のために行なわれた憑支は、新薬師寺の憑支と比べると地下の堂の憑支に近いと思われるものの、それでもまだ堂の憑支より規模の大きいものであっただろう。

以上、奈良の富裕層が参加した新薬師寺の憑支、それよりはやや庶民的であるものの、それでも堂の憑支よりは大規模であると思われる福智院の憑支をみてきた。ここから、堂の憑支を考えると、だいたいつぎのようなイメージが得られるのではなかろうか。すなわち、地下の堂の憑支の参加者はそれほど広くなく、各郷の人びとが中心である。もちろん、他郷からの参加者があったとは思われるものの、福智院の憑支でさえ参加者の範囲が奈良南部に限られていたことを考えれば、それほどの広がりは考えがたい。つぎに、掛け金の額、あるいは取り足の規模であるが、新薬師寺の憑支の掛け金は二〇〇文であった。これは、富裕者にしてはじめて毎月掛けることができる額であろう。福智院の憑支の掛け金はこれより小額だっただろうし、まして堂の憑支の掛け金はさらに安かったと思われる。

憑支を買う

それでは、地下の堂で行なわれた憑支は、要するに町内の小規模で互助的、共済的なものにすぎなかったのだろうか。私はそうではないと思う。少し話が面倒になるが、新薬師寺と福智院の憑支のやりかたをみて、もう少し堂の憑支のそれを想像してみることにしよう。

新薬師寺の憑支の記録は、つぎのように記されている。

第廿三番取手《シャウト》源次郎殿　本人又六殿（花押）　同時買取手三郎五郎殿（花押）

まず、「第廿三番取手源次郎殿」という記述は、二三番目の抽選会で源次郎殿が当選し、当選金を手にしたということである。この点は他の解釈の余地はないだろう。当選金を受け取ったしるしに花押《かおう》（一種のサイン）を書き記すことはこの憑支の「惣掟《そうおきて》」のひとつであった。

つぎに、源次郎殿の右に傍注された「シヤウト」であるが、これは彼が城戸郷の住人であったことを示している。ここまでは問題あるまい。

さて、最初の問題は、下段の「同時買取手」の解釈である。これは場所によっては「同買手」「同買取手」「同時買手」と書かれているが、いずれも同じ意味であろう。私がまず最初に考えたことは、下段に書かれた人間が、上段に記された人の当選権（当選金）を買い取り、その後の掛け金払い込みの義務を継承した、ということである。たとえば、上段の人Aが手にするはずだった当選金を一〇貫文、当選するまで彼が掛けた金を二貫文、そしてその当選金を下段の人Bが四貫文で買ったとする。買ったといっても、それは自腹を切ったのではなく、一〇貫文をもらって、そのうち四貫文をAに渡すということである。そうすると、Aは二貫文の利益を得たことになる。Bは一〇－四＝六貫文を手に入れ、今後Aに代わって掛け金を払いつづけることになる。すなわちBは、六貫文を借りて、合計八貫文になるまで分割返済するということになるのである。このように、当選権あるいは当選金の買い取りがなされていたとすれば、親以外にも憑支の利用価値はひろくみとめられ、憑支がひろく行なわれたこととの説明は容易につくことになるのである。

ところが、問題はそう簡単ではない。当選権あるいは当選金の売買という想定は基本的にいいと思うが、さきの推測には難点がある。新薬師寺の憑支記録には、「同時買取手」が毎回必ず存在するのである。これは、右の考えでは不自然であろう。自分の当選権を売りたくない人だってあったと思われるし、価格に折り合いがつかず、売買が成立しないケースも当然あるはずだからである。したがって、この下段の「買」うという行為は、上段と下段の人の合意にもとづく私的な売買とは考えにくい。

では、どう考えればいいのか。毎回必ず買人がいるのであるから、これはもともとこの憑支のやりかたの一部であったと考えるほうがいいと思われる。

そう考えるべき根拠が、福智院の憑支の記録にある。福智院の憑支の記録の一節をみてみよう。

十二月十二日

次郎三郎変
第十七番取　中辻ウトンヤ

請人　次郎三郎《カイノツカ》（略押）
　　　次郎五郎《カイノツカ》（略押）

同時買　菊若《モチイトノ》《カワラヤ》　請人　菊松《カサヽキ》（略押）
小三郎《西寺林》《御童子》（花押）

ノコルクシ百七十六

延徳四《壬子》壬子正月十二日

第十八番取　クラマムロトノ二部ノ内　請人

同時買　カサヽキカチヤ新二郎　請人　弥次郎《カサヽキ》（花押）
一貫ヒウチ
明音房変　明音房

ノコル鬮百七十四有

延徳三年十二月と同四年正月の記事である。毎回当選者（「取」）と買人（「同時買」）がいることは、新薬師寺の場合と同じである。こちらのほうは、請人が立てられているのが特徴であることはすでに述べた。

さて、ここでも買人は当選人の権利を買い取った存在であるかのように一見みえるが、そうだとすると、第一に、当選人にも請人が立てられている理由がわからなくなる。さきの考えかたでは、当選金の売却と同時に、掛け金の払い込み義務も買人に移ってしまい、当選人は講とはもはや無関係になるはずである。無関係になれば請人を立てる理由もない。ところが、当選人にも請人がいるのであるから、当選人はまだ講と関係がある、つまり掛け金払い込みの義務が残っていると考えなければならないだろう。

第二に、右の第一七番めの抽選会がおわった時点で、残るくじは一七六であった。第一八番のあとでは、のこるくじは一七四である。このように、くじは原則として毎回二つずつ減っていく。この事実は、じつは「買」人が買ったものは「取」人の当選金ではなく、それとは別物の、つまりもうひとつの取り足（当選金）であったことを物語っていよう。毎回、「取」人と「買」人が、それぞれ別個に取り足を得ているのである。

要するに、新薬師寺の憑支も福智院の憑支も、二部門からなっていたと考えられるのである。毎回、抽選によって「取」人を決める部門と、入札やせり売り（競買）によって「買」人を決める部門である。「買」人が手にする金額は、「取」人のそれよりいくぶん低いものになる。その差額は、他のメンバーに先んじて当選金を手にするためのコストであり、親の収入になったと思われる。もちろん、「買」人も「取」人も憑支終了まで今までどおり掛け金を払い続ける義務がある。

どうやら当時奈良で行なわれた憑支には、金融としての憑支の欠陥をおぎなうシステムがすでに考案され、組み込まれていたようだ。さきにも述べたように、素朴な憑支では親以外に当選する時期は予想できない。親以外は、お金が手に入る時はまったく運に左右されるので、他の講衆にとって憑支は資金調達機関としての機能はない。この欠陥をカバーするために「買」いの部門が併設されたのであろう。

実際に新薬師寺の憑支がどういうふうに取り部門と買い部門と分けて運営されたのか、よくわからないが、掛け金が二〇〇文であったので、あるいは一〇〇が取り部門分の掛け金、もう一〇〇文が買い部門の掛け金だったのかもしれない。そうすると、さきに取り足を少なくとも一六貫文といったが、その半分に見積もらなければならない。もちろん、講衆はそれぞれの部門で各一回、取り足を得る権利を持っていることになる。

それだけではない。もう一度七六ページの新薬師寺の憑支記録を参照していただきたい。上段の取り手源次郎殿の右横に、「本人又六殿」という記述がある。このような「本人〇〇」という傍注はめずらしいものではなく、上段の取手に

譲　渡

も下段の買取手にもみられる。これは何であろうか。

現在本人といえば、その対語として代理人という言葉が思い浮かぶ。これで考えると、実際の当選人は又六殿で、源次郎殿が当選金を代理受領したということになる。しかし、中世では代理人に対して本人という用法は一般的でない。「本」は、土地などが売却されて所有権が移ったあとでもとの所有者を本主というように、「もとの」という意味でつかわれることが多い。ここもおそらくそうで、本人とは「もとのひと」という意味であろう。そうすると、どうなるだろうか。当選人は源次郎殿で「もと」の人は又六殿である、とはどういうことなのか。

ここで思い出されるのが、当選権があらかじめ寄進されている例である。至徳《しとく》二年（一三八五）八月、法隆寺の僧と思われる僧頼弁《らいべん》と有円《ゆうえん》は、法隆寺の護摩堂方《ごまどうがた》に「憑支一分」を寄進した（東京国立博物館所蔵文書）。これは、法隆寺の瓦坊《かわらぼう》で行なわれていて両人が共同で何年間かお米を掛け続けてきた憑支の当選権を、当選前に護摩堂に寄付したものである。寄進状に、今年からは「護摩堂庫の沙汰として懸《か》け継《つ》」いでくださいと書かれているので、実際に寄付されたものは、両人がこれまで掛けてきたお米ということになる。こうして瓦坊の「憑支一分」に関する権利と義務は、僧両人から護摩堂に移った。この憑支がはじまって時間が経過していればいるほど護摩堂が得る利益は大きいことになる。

このように、憑支の講衆は、寄進を経ることで途中で替わることができた。寄進で替わることができるのなら、売買で替わることもできるだろう。売買の事例をまだみていないが、新薬師寺の憑支の「本人」とは、その当選権のもとの持ち主であろう。もとの持ち主は、おそらくお金の必要に迫られて、当選権を売ったのである。現在でいう手形割引と一緒で、期日がくる前にお金が手に入る代わりに、その額はいくぶん、あるいはかなり少なくなってしまうのである。もちろん、その差額は権利を買い取った人の利益になる。

福智院の憑支にも、売買の痕跡があるように思う。ときどき取り人あるいは買い人の傍らに「〇〇更」という注記がみられる。「更」はおそらく「かわり」と読むのであろう。つまり、本来の権利者からこの人に代わったという意味であろう。

堂憑支の性格

以上、奈良で行なわれた二つの憑支についてみてきた。いずれの憑支も、抽選で決まる「取」りの部門と、おそらく付け値で決まる「買」いの部門の二部門からなっていて、資金調達機関としての機能を備えていた。さらに講衆は、自分の当選権を事前に売って資金を得ることも可能で、実際行なわれていた。

ここから地下の堂で行なわれた憑支の在り方を、もう一度想像してみよう。さきに各郷の堂の憑支の範囲は、限定されていて郷の人びとを中心としただろうと考えた。そうだとすれば、基本的には共済の性格が強かったと思われるが、だからといって堂の憑支がまったく素朴で互助的な憑支にすぎなかったというわけでもなかろう。私は、「買」いの部門のような資金調達機能と、講の親に利益をもたらすような仕組みもあっただろうと思う。のちに触れるが、奈良を支配した武士たちが市中の堂の憑支に目を付け、当選金をひと口分横取りするということが時には行なわれた。しかし、それによって奈良中の憑支が立ち行かなくなったり、人びとが憑支に見切りをつけるというようなことはなかった。講衆には迷惑がかからなかったからであろう。現代の銀行が強盗に襲われて被害を蒙っても、その損失を吸収して平然としているように、堂の憑支にもひと口分（ひとり分）程度の損害には耐えていく体力が備わっていたようである。この点から考えても、堂の憑支は、ひと口分の当選金を部外者に持って行かれたらたちまち破綻してしまうような素朴なものではなかったはずである。当選権の事前売却、つまり手形割引のようなことも、行なわれていただろうと思う。

中世後期の社会は、高度に「資本主義化」し、信用経済さえ発達した社会であることが明らかにされてきている。奈良中の地下の堂が、地域の人びとの金融センターとしてかなり高度な機能を持っていたと思われることは、このような見方のひとつの裏付けになるものだろう。

奈良惣中の基盤

領主の祭りと郷民

自治

外から攻撃をうけると、内部は結束を固める。一五世紀の最末期から大和国そして奈良は、赤沢朝経《あかざわともつね》（幕府管領《かんれい》細川政元《まさもと》の武将）、ついで松永久秀《まつながひさひで》（戦国大名三好長慶《みよしながよし》の武将）などの侵略をうけた。これに背中を押されて、奈良の人びとは、南都七郷だとか東大寺郷だとか大乗院郷だとかいう個々の領主支配の枠組みにとらわれることなく、全市にわたる自治組織を築いた。その組織を奈良惣中《そうじゅう》という。

この奈良惣中は、どのようにしてできてきたのだろうか。本章ではその基礎となったものについて考えてみたい。

従来、このような都市民の自治という観点から注目されてきたもののひとつに、祭りがある。京都の祇園祭《ぎおんまつ》りが、京都の町衆の団結と自治のうえに栄え、また逆に、祇園祭りが町衆の団結と自治をはぐくむ場となったことから、奈良でも同様の役割をはたした祭りさがしが行なわれた。そして、そのような関心から注目されたのが小五月会《こさつきえ》と南都祇園会《ぎおんえ》である。しかし、私は、小五月会も南都祇園会も、いずれも奈良の郷民の祭りとはならなかったと思う。そのことをまず簡単にみてから奈良惣中の基盤となったものをあらためてさがしてみたい。

小五月会

小五月会は、大乗院（禅定院）のすぐ東側の丘（天満山《てんまやま》、西方院山《さいほういんやま》）にある天満神社《てんまじんじゃ》を中心とする祭りである。室町時代の小五月会の次第は、だいたい以下のようである。

五月五日に天満社の神輿《しんよ》が大乗院にやってくる。門主をはじめとする大乗院の僧や稚児たちがこれを「拝見」するという儀式が行なわれる。そして大乗院のなかに臨時に作られた舞台で宇治の猿楽座《さるがくざ》による能が何番か演じられる。この能を見るために、大乗院には何人かの客がやってくるが、彼らをふくめて一献《いっこん》（宴会）が行なわれる。これが四日間にわたる小五月会の初日のあらましである。

二日目（五月六日）は、天満社が会場である。神事があったかもしれないが、それ以上に能が中心である。この日も大乗院の関係者が見物するが、それとともに同院以外からも見物があった。

三日目（五月七日）は、春日若宮社の前の空間が会場である。やはり演能がおもな行事である。この日は、興福寺の学侶《がくりょ》・六方《ろっぽう》（後述）という僧集団がとりしきり、能はおもに彼らが見物したようである。

四日目（五月八日）は、春日本社の西南の回廊に鎮座する榎本社《えのもとしゃ》という小社の神のために、着到殿《ちゃくとうでん》で能が行なわれる。この行事をとりしきるのは、興福寺の衆中《しゅうちゅう》（後述）という僧集団で、彼らが見物人の中心である。なお、五日目（五月九日）に位の高い僧を招いて大乗院で「召返《めしかえし》」という宴会が行なわれるのが本来の在り方であった。

以上が室町時代の小五月会の概要である。ここまでのところ、奈良の郷民の参加はみえない。みえないどころか、榎本社での演能の際、見物の「雑人《ぞうにん》以下相《あ》い払うこと」が「例」だということが史料にみえており（文明一九・七・二六）、郷民はこの祭礼から排除されていたともいえる。

それにもかかわらず、小五月会が郷民の祭礼であると考えられた理由のひとつは、天満社の神輿が移動するときに、福智院郷と松谷郷の郷民の参加がみられたからである。両郷

表5　小五月郷

餅飯殿郷　城戸郷　阿字マメ郷　脇戸郷　高御門郷　鳴川郷　無縁堂郷　薬師堂郷　内院辻子郷　河上郷　京終郷　井上郷　貝塚郷　辰巳辻子郷　鵲郷　桶井郷　塔本郷　南光院郷　辰巳小路郷　幸郷　頭塔郷　岩井郷　南市郷　福智院郷　松谷郷

は、神輿をかつぐ人間を出すとともに、行列の次第にしたがっていえば、榊持《さかきも》ちの神人《じにん》、王の舞という踊りを舞う舞人、獅子《しし》に扮した者（獅子舞を舞ったか）、神主、それに神子《みこ》（巫）を「神輿ノ郷」として負担したからである。

もうひとつの理由は、表5に示した奈良南部の郷々が、小五月郷《こさつきごう》あるいは小五月銭郷《こさつきせんごう》として、猿楽芸能者への禄物《ろくもつ》を中心とする小五月会の費用を負担したからである。

奈良の各郷が刀禰に統率されて祭礼に参加し、その費用を負担した、こう考えられて小五月会は郷民の祭礼と位置づけられた。しかし、私はこのような見方には賛成できない。祭礼の場から排除されている者がその祭礼の主役であると考えるのは無理である。小五月郷は、領主側の祭礼の費用を押しつけられた郷であり、「神輿ノ郷」は神輿の行列に人間を徴用・動員された郷にすぎない、というのが正しい把握だと思う。

室町時代の小五月会の性格は、鎌倉時代の小五月会がどのように行なわれていたのかをみるといっそうはっきりする。春日若宮社の神主の日記にみえる小五月会の様子をみてみよう。なぜ小五月会というのかもわかる。

鎌倉時代には五月五日の朝、南都楽人たちが春日社に参上し、大宮・若宮に御幣《ごへい》をささげ、それぞれの神前で舞を舞う五月会《さつきえ》という年中行事があった。楽人は、さきにも述べたように、朝廷から官職をもらっているプロの舞踊家や演奏家である。

この五月会に対して、奈良の郷民たちによる小五月会があった。多くの場合、楽人たちの五月会の翌日の六日に行なわれたが、五日、六日の両日にわたることもあった。城戸《じょうど》郷《ごう》、幸郷《さいわいごう》、鵲郷《かささぎごう》、桶井郷《おけいごう》、薬師堂郷《やくしどうごう》、京終郷《きょうばてごう》、木辻郷《きつじごう》、高御門郷《たかみかどごう》などの八、九ヵ郷の郷民が大宮・若宮に参社して御幣をささげ、神前で舞った。城戸郷の郷民は田楽を行なった。これが鎌倉時代の小五月会である。室町時代のそれとは行事の内容、行なわれる場所、式日ともかなりちがう。また、小五月会の「小」という字は、プロの舞踊家や音楽家である楽人たちの行事に対して、素人である郷民の行事をやや軽いもの、あるいは正式でないものという意識でもってつけられたことがわかる。

鎌倉時代と室町時代の小五月会の一番大きい違いは、鎌倉時代には郷民が神前で舞い、神にみずから芸能を奉納したことであろう。室町時代になると、郷民は小五月銭という費用を負担させられて、神への芸能奉納はプロの猿楽が行なうようになる。福智院郷と松谷郷の郷民はもう少し積極的な役割を果たしているが、全体としてみて、小五月会における郷民の位置・役割は、著しく後退しているといわなくてはならないだろう。鎌倉時代から室町時代にかけて、奈良の郷民は小五月会を自分たちの祭りとして取り込み発展させることができず、むしろ祭礼の場からほとんど追い出されてしまったのである。

南都祇園会

奈良押上郷《あしあげごう》の祇園社は、建武《けんむ》五年（一三三八）に京都から勧請された。六月一四日に行なわれたこの祇園社の祭りは、東大寺祇園会、東大寺御霊《ごりよう》会《え》などともいわれた。当初、寺領荘園に祭礼費用を分割賦課するなど、東大寺が主導権を握っていた。しかし、やがて転害郷、今小路郷、中御門郷、押上郷などの東大寺郷の関与が深まり、祭礼は郷民の手に握られていった。

一五世紀半ばからは京都の祇園祭りにならって、毎年というわけではないが、郷民によって「山」が出されるようになった（『東大寺雑集録』巻九）。たとえば、文明三年（一四七一）には、中御門郷が「守屋《もりや》」の山を出している。「守屋」は能楽の曲で、物部守屋《もののべのもりや》に追われた聖徳太子が、きこりの老人に身を変えた春日明神に助けられ、のちに春日明神の加護のもとに守屋を滅ぼすというものである。どの場面か私にはわからないが、多くの人がひと目みてそれとわかる場面が山に仕立てられたのである。

文明九年には、転害郷が「咸陽宮《かんようきゅう》」の山を出している。「咸陽宮」も謡曲《ようきょく》で、咸陽は秦《しん》の始皇帝《しこうてい》の都である。刺客《しかく》二人に刺された始皇帝が、最期の望みとして夫人に琴の演奏を所望し、刺客が聞き惚れているすきにこれを討つという筋書きの話である。山に仕立てられたのは、演奏に心を奪われてしまった二人が討たれるところであろうか。

文明一一年に今小路郷が仕立てた「橋弁慶」は、現在でも京都の祇園祭りの山鉾《やまぼこ》のひとつがその面影を伝えてくれる。五条の橋のうえで弁慶と義経があいまみえる場面である（図8）。

このような、謡曲や故事などに題材をもとめ、意匠を凝らして造られた山のほかに、舞《まい》車《ぐるま》が郷々から出た。舞車のうえでは子供が八撥《やつばち》（羯鼓《かっこ》のこと）を打った。山や舞車がない年も笠鉾《かさほこ》は出た。

山の制作をめぐって郷と郷とが協力することもあり（『東大寺雑集録』巻九）、南都でも祇園会は広域的な都市自治の基盤となる可能性を秘めていたように思う。しかし、事態はそうは展開しなかった。郷と郷とは舞車の先後、つまり行列の順序をよく争った。そしてこの争いは郷と郷との間では決着がつかず、領主である東大寺さえも飛び超えて、興福寺勢力の介入を呼び込んでしまっていた。

図8　橋 弁 慶 山（松田元氏画）

永正《えいしょう》二年（一五〇五）にも中御門郷と押上郷が舞車の先後を争った（『多聞院日記《たもんいんにっき》』永正二・六・一三）。中御門郷は、北の郷から順番というのが当然の理であってクジ引きによるべきではないと主張し、押上郷はクジ引きで決めるべきだと主張した。この相論に興福寺の六方と成身院順盛《じょうしんいんじゅんせい》（筒井氏）が仲人《ちゅうにん》としてあいだに入り、「折中《せっちゅう》」の調停案を示した。「折中」とは中世にしばしばとられた紛争解決方法で、要するに当事者の主張を足して二で割ったような提案である。ここでは、今年はクジ引きで決める、来年からは北の郷から順に出すという案であった。これを転害郷、今小路郷、中御門郷、押上郷の四ヵ郷は受け入れ、合意を文書にしたためて同文のものを四通つくり、六方の沙汰人二〇人が花押《かおう》を書き、おのおのの郷の堂に一枚ずつ打ち付けるということが行なわれた。押上郷が念願どおり一番クジを引き当てて、この年の祇園会はなんとか挙行された。しかし、郷民は、みずからの問題をみずから解決することができなかったのである。ここに祇園会の未来が暗示されているだろう。

こうして東大寺郷の祇園会は、次第に興福寺側の支配下に組み込まれていった。六方が祇園会の執行を郷民に「仰付《おおせつ》」ける例がままみられるようになる。これは、当の興福寺側からみても理不尽なことだったようで、大乗院の尋尊は、「他寺の神事を当寺が成敗するのは道理ではない」と記しているほどである（永正二・六・一三）。明応三年（一四九四）の祇園会を、時の実力者で興福寺の衆徒である古市澄胤が、「祇園殿の拝殿《はいでん》の上」に「桟敷《さじき》」をかまえて見物した。このような古市の不作法な振る舞いは、祇園会がとても郷民の祭礼といえるようなものではなかったことを端的に物語っているだろう。

　奈良南部の郷民祭礼、同じく北部の郷民祭礼として従来注目されてきた小五月会、南都祇園会は、いずれも京都の祇園祭りに見立てられるような祭りではなく、むしろ領主側の祭りであることをみてきた。それでは、中世奈良の住民の連帯や団結を、なにを材料として考えればいいのだろうか。そのことをつぎにみていこう。

慣行・民俗行事

どよみ・出合う

中世では、なにか非常事態が起こったとき、たとえば泥棒を目撃したときなどに、これは大変だと思った人が大声で叫び、そしてそれを聞いた人びとが家の外に出合うという慣行があった。慣行というより、大声を出すのも出合うのもひとつの義務だったと思われる。二、三例をみてみよう。

最初は南北朝時代の法隆寺でのできごとである。真夜中に金剛丸という者が法隆寺東室に盗みのために忍び込んだ。ところが、顕宗房《けんしゆうぼう》というお坊さんが最初からこれをみていた。顕宗房は顕舜房《けんしゆんぼう》というお坊さんから太刀を借りて「穴口」（塀に穴でも開いていたのだろうか）で待ち伏せ、泥棒が頭を出したときに切り付け、相手に手傷を負わせてから大声で叫んだ。その声を聞いた人びとが集まってきて泥棒は捕らえられた（『嘉元記《かげんき》』延文二・三・一六）。

つぎの例は山賊である。堺（現堺市）の向井というところの助三郎という伯楽《はくらく》（博労《ばくろう》。牛馬の売買業者）が牛をひいて大和の宇智郡《うちぐん》へむかう途中、国境に近い石見川《いわみがわ》で山賊にあった。山賊は助三郎を刃傷し、牛を奪い取った。助三郎が盗賊だと「よばわ」ったので、石見川の郷人たちが「出合《いであ》」って山賊を召し取り、牛を添えて領主である観心寺《かんしんじ》（現河内長野市）に届け出た（『観心寺文書』五七四）。

これらと同じことが奈良でみられた。東大寺文書のなかにつぎのような起請文《きしょうもん》（一種の誓約書）がある。読みやすいように少し書き替えたものをつぎに掲げよう。

立て申す起請文の事

右、質屋の失《う》せ物のこと、内よりとよみをも致さず候《そうろう》間《あいだ》、余所《よそ》よりも出合わず候。ただし、かの人の弟にて候者のして候よし、承《うけたまわ》りて候なり。この他に存知して候わば、大仏・八幡の御罰蒙《こうむ》るべく候。よって起請文の状、件の如し。

暦応三年十二月十一日

暦応《りゃくおう》三年（一三四〇）一二月のころ、おそらく東大寺郷のどこかで、質屋の倉から何か重要な物がなくなるという事件があった。泥棒の仕業《しわざ》ではないかということになり、近所の人たちに証言が求められた。それに対する近所の人たちの答えの一例が、右の起請文である。これによると、屋敷地の内部から泥棒という「とよみ」がなかったので、余所から「出合う」こともなかった。むしろ、質屋の主人の弟の仕業というウワサを聞いている。このほかに知っていて隠していることがあれば、大仏・八幡の罰を受けるべきである。以上が内容である。

これによって、泥棒侵入などの非常時に際して、「うちよりとよみ」「よそよりいてあう」という慣行が奈良にもあったことがわかる。当時の町中は、現在の市内よりもはるかに静かだっただろう。大声を出せばかなり遠くまで聞こえたと思われる。「とよみ」という音声によって、近隣の郷々は一瞬のうちに結ばれ、危機に対応したのである。

人間の出す大声が、現在よりもはるかに遠くまで伝わったとしても、やはり生身《なまみ》の声では限界があるだろう。奈良中に非常時を告げなければならないときには、鐘が撞《つ》かれた。それに応じて奈良中が罷《まか》り出て、ときには蜂起した。

鐘をつき蜂起

つぎのような事件があった。

奥発志院《おくはしいん》の坊務、俊算《しゆんさん》と泰尊《たいそん》相論のこと、仲人《ちゆうにん》の沙汰ことごとく以て破れおわんぬ。

よって去る十六日、朝日《あさひ》・多田の手の者とも、寺中《じちゅう》に罷り向う。搦《から》め取るべきの計略のところ、俊算その意を得て、観禅院《かんぜんいん》の鐘、これをつく。これによって奈良中出合い、追い散らしおわんぬ。(寛正二・一一・一九)

興福寺の奥発志院の支配権をめぐって、俊算と泰尊という二人の僧が争っていた。仲人の調停がことごとくうまくいかず、仲裁は失敗におわった。それで、泰尊側の朝日と多田という武士の配下の者どもが、俊算の身柄をとらえようとして興福寺に向った。しかし、事前にこれを察知した俊算は、観禅院の鐘を撞いた。これによって奈良中の人びとが出合い、朝日・多田の手勢を追い散らした。

奈良中の人びとが朝日・多田軍を追い散らしたのは、彼らがあらかじめ俊算と泰尊の相論の内容をよく知っていて俊算のほうに理があると判断していたから、というわけでは決してないだろう。彼らは鐘の音を聞いて出合った。そこにどこの者ともわからない武装集団がやってきたからこれを撃退したにすぎないだろう。そういう意味では奈良中の人びとは俊算にまんまと利用されたわけであるが、鐘を撞けばともかく奈良中が出合うという長い間の慣行があったからこそ、俊算はこんな手を思いついたのである。

奈良中には多くの鐘があり、どの鐘でもよかったのかもしれないが、多くの場合、右の

図 9　観禅院の鐘

ように興福寺の子院《しいん》の観禅院の鐘が撞かれた。そして、俊算が自分のために撞くことができたことからもうかがえるように、これらの鐘は、たとえば興福寺などによって厳重に管理されていたわけではなく、誰にでも撞くことができたようである。

さきに泥棒を目撃した時などに目撃者は「とよみ」、その大声を聞いた人びとは「出合」う義務があったのではないかということをみた。鐘を撞き、それに応じて奈良中が出合うというのは、その拡大版である。そう考えると、危機を報せる鐘が厳しく管理されておらずに誰にでも撞けるようになっていたのは当然かもしれない。

以上、奈良の人びとは、叫び声や鐘の音に呼応し、共同して危機に対したことをみた。

印地

五月五日は、さきにみたように室町時代には小五月会の初日であるが、奈良の郷民にとってはもっとエキサイティングな行事の日でもあった。それが印地《いんじ》である。印地は礫《つぶて》ともいわれ、集団間で行なわれた投石合戦である。

五月五日には、菖蒲《しょうぶ》を湯に入れたり軒先にかざしたりした。これは、菖蒲に魔除け、病気払いなどのはたらきがあったからである。同じように、中世の人びとは石礫《いしつぶて》にも魔除けや病気払いの力があると考えていた。かつて日本全国で、五月の節句には印地が行なわれていたが、昭和三七～三九年に文化庁によって行なわれた調査では、徳島県阿久根市

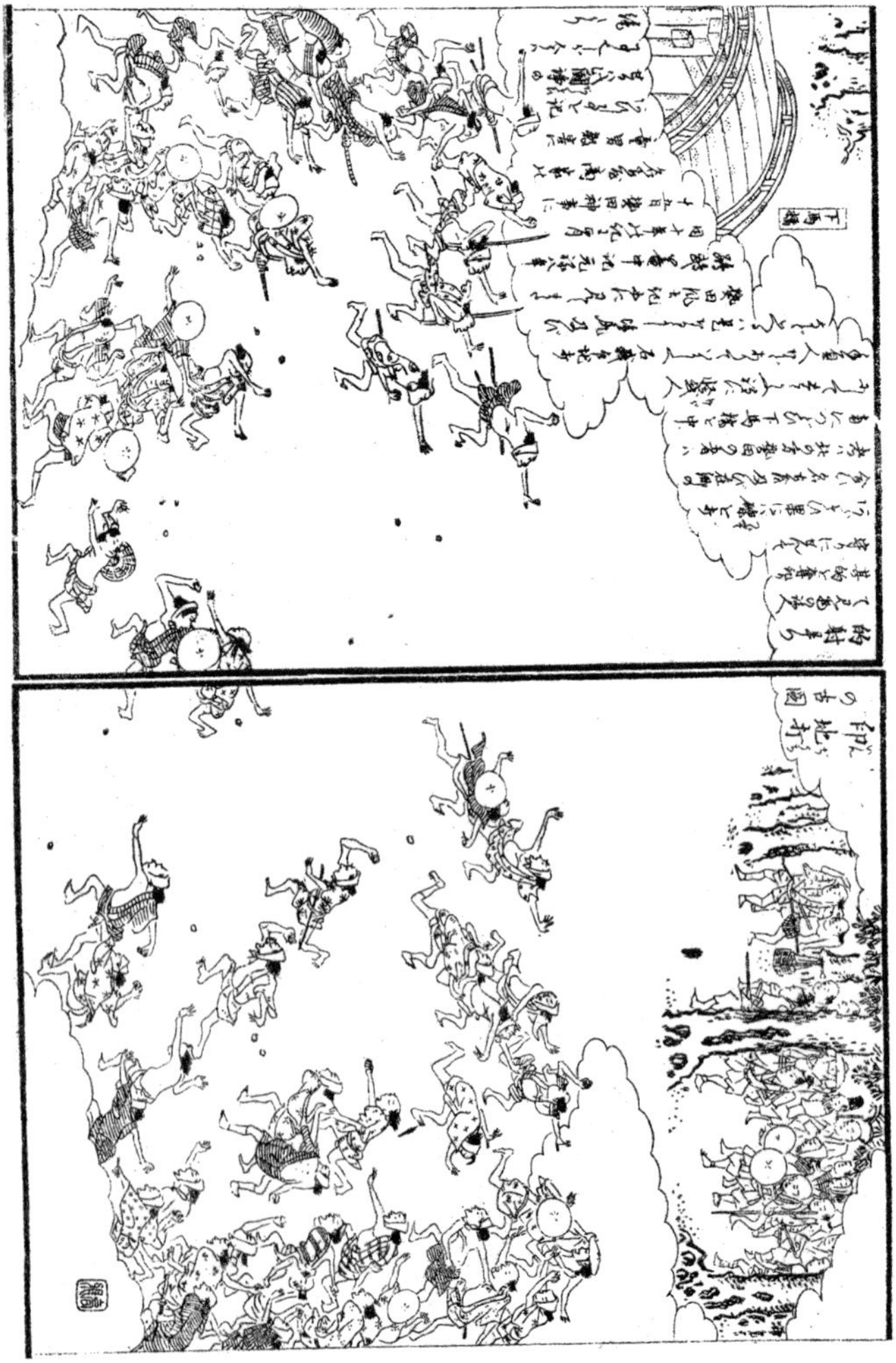

図10　印地打の図（『尾張名所図会』）

馬見塚で行なわれている例しかない。明治以降、急速に廃れたらしい。

中世奈良の人びとは、五月五日にいくつかの集団をつくり、市内の各所でこの行事を行なっていた。具体的な地名がわかるのは、興福寺や東大寺の南大門前、天満山（西方院山）、元興寺辺、宿院辻子《しゅくいんのずし》、東向《ひがしむき》、「円カ井ト」（不詳）、川原（古市）などである。ある程度広い場所で行なわれたようにも思われるが、それほどはっきりとした特徴や傾向はなさそうである。

一五世紀の中ごろには、印地は興福寺によって禁止されていることが多い。それにもかかわらず、奈良の印地は少なくとも一六世紀末期まで続いた。天正年間（一五七三〜九二）になると禁止令は徹底されたようで、興福寺の僧のひとりは、「印地一向これなし。堅く停止《ちょうじ》おわんぬ」「印地堅く停止」「印地一円これなし」などと書き残している（『多聞院日記』）。近世になって復活したかどうか、まだ調べがついていないが、少なくとも中世末に一時中絶したようである。

印地が禁止されたひとつの理由は、危険だからであろう。印地は、毎年定まった日に行なわれる年中行事で、基本的に儀礼的な合戦である。相手の殺傷を目的としたものではない。しかし、それでもかなり危険なものであった。文明一七年（一四八五）の印地では多くの人が負傷したという。死者がでることもあっただろう。「物騒もってのほか」、これが為政者の禁止の背景にあったことは間違いない。

そうだとすると、印地は危険である、奈良の住民が傷つくことは遺憾である、興福寺はこう考え、それで中世末にいたってこれを禁止したと考えるべきだろうか。

私はそうは思わない。さきに述べたように、印地は邪気《じやき》払い、病気払いのはたらきを持つ。人びとは相手の集団にむかって石を投げたが、じつは病難や災気を払っていたのである。総出とまではいかなくても、奈良の人びとが共同して奈良の安穏《あんのん》を祈願した行事、これが印地である。印地のときに奈良の人びとがどのような集団を組んだのか、史料はなにも語ってくれない。したがって、想像にすぎないが、人びとは、各自がふだん所属する小郷の規模を超えて、より大きな集団となって投石したのではなかろうか。人びとは、毎年五月五日に、小郷を超えた広域的な連帯を経験していた可能性がある。死傷者が出るにもかかわらず、印地は奈良の人びとを相互にむすびつけるはたらきを持っていたのではなかろうか。支配権力は、こうした形で示される奈良の住民パワーに危険な匂いをかぎとり、印地を禁止するにいたったのだろう。

奈良住民の団結の基礎になった慣行・行事として、つぎに万度《まんど》・三万度《さんまんど》についてみよう。これは、雨乞《あまご》いのために、また雨が降ったことに感謝して行なわれた行事である。

万度・三万度

お百度《ひゃくど》を踏む、あるいはお百度参りということは、時代劇などを通じて現代の人にもよく知られているだろう。何か願いのすじのある人が、神社の拝殿とお百度石の間を一〇〇往復して神仏の守護を祈願するというものである。これは、多くの場合、個人がひっそりと行なったものであるが、中世の奈良の人びとは、しばしば全市こぞって、したがってにぎやかにこれを行なった。

奈良県は、南部の和歌山県と接する山間部の豪雨地帯を除けば、雨の少ない地域である。盆地部には夏の渇水期に備えて多くの皿池が造られ、稲をなんとか秋までもたす工夫がなされていた。もちろん、日照りは農民だけではなく、都市の住民や領主にとっても深刻な問題であった。

雨乞いのため、あるいは雨のお礼のために行なわれたことを、興福寺に即してみておこう。まず、最初に、寺内のいくつかの僧集団がそれぞれに雨乞いの祈禱を行ない、身分の高い門跡なども読経を行なった。第二段階では、興福寺の学侶・六方の「三方入り《さんぼういり》」が行なわれた。「三方」とは、奈良の高山《こうぜん》の龍池、唐招提寺《とうしようだいじ》の龍池、秋篠《あきしの》（西大寺の近く）の龍池のことで、いずれも水神である龍の住む池と考えられたところである。そこに籠って祈雨の勤行が行なわれたのである。これと前後して、奈良の住民による万度・三万度や相撲が行なわれた。相撲は、奈良中の郷民によって一二〇番、馬場院（お旅所）でとられた。第三段階が、興福寺僧による大般若経《だいはんにやきよう》の頓写《とんしや》（急いでお経を書き写すこと）で、それでも降らない場合には最勝王経《さいしようおうきよう》の頓写が行なわれた。

さて、万度・三万度をみよう。つぎの記事がその様子をよく伝えてくれる。

南北郷民等、南円堂三万度これを沙汰す。祈雨立願《きうりゆうがん》なり。衆中よりこれを申し付く。郷人、直垂《ひたたれ》等と云々。指《さ》し合いの体《てい》、代官。神人符坂油座衆《ふさかあぶらざしゆう》は浄衣《じようえ》と云々。白人神《しろうとじ》人《にん》の故《ゆえ》なり。（文明四・六・一五）

これだけではわからないこともあるので、もうひとつ記事を引いてみよう。

今日南北郷、祈雨一万度これを果たす。卯《う》の刻《こく》よりこれを初む。よって社頭《しやとう》より南円堂に至るまで郷々灯籠これを懸《か》く。南市分の灯籠、慶賀門《けいがもん》にこれを懸く（幸郷の沙汰なり）。藤《ふじ》の鳥居に東中院分これを懸くと云々。北市（下松）、福智院郷（菩提院四足《ぼだいいんしそく》）。郷民等出で立ちは思い思いにその沙汰を致す。大略直垂《ひたたれ》・道服《どうぶく》。符坂油衆は、白人神

人たるによって白張《はくちょう》なり。阿古屋川《あこやがわ》は山伏《やまぶし》に出で立つと云々。（文明七・七・二八）

これらによって、奈良の郷民は、万度・三万度として、興福寺の南円堂から春日社の社頭のあいだを往復したことがわかる（図11参照）。どちらからスタートしたのかよくわからないが、南円堂とすれば、ここから興福寺の南大門を出て三条通りを東に行き、春日社の一の鳥居をくぐる。さらに馬出橋《うまだしばし》をわたって馬場院を左手にみ、鹿道《ろくどう》にいたる。ここで道なりに東南に進み、やがて藤の鳥居をくぐり、慶賀門をはいって春日本社にいたるのである。

沿道には郷々が灯籠を懸けた。おそらく奈良中の郷がひとつずつ灯籠を所定の場所に懸けたのであろう。東の方では、慶賀門に南市郷の、藤の鳥居に東中院郷の灯籠が懸けられた。西のほうでいえば、南大門の斜め前の菩提院の四足門《しそくもん》に福智院郷の、「下松」（影向《ようごう》の松のことか）には北市郷の灯籠が懸けられた。郷民の服装にはきまりがなく自由であったが、大体直垂・道服であった。直垂・道服というのは、俗人と出家した者のおのおのの正装であろう。つまり、服装自由といっても、ほとんどの郷民はきちんとした格好で出てきた、ということであろう。ただし、文明七年には阿古屋川郷の郷民は、山伏に扮して歩いた。春日社の神人は、白張（＝浄衣）と決められていた。この行事を命令するのは、興福

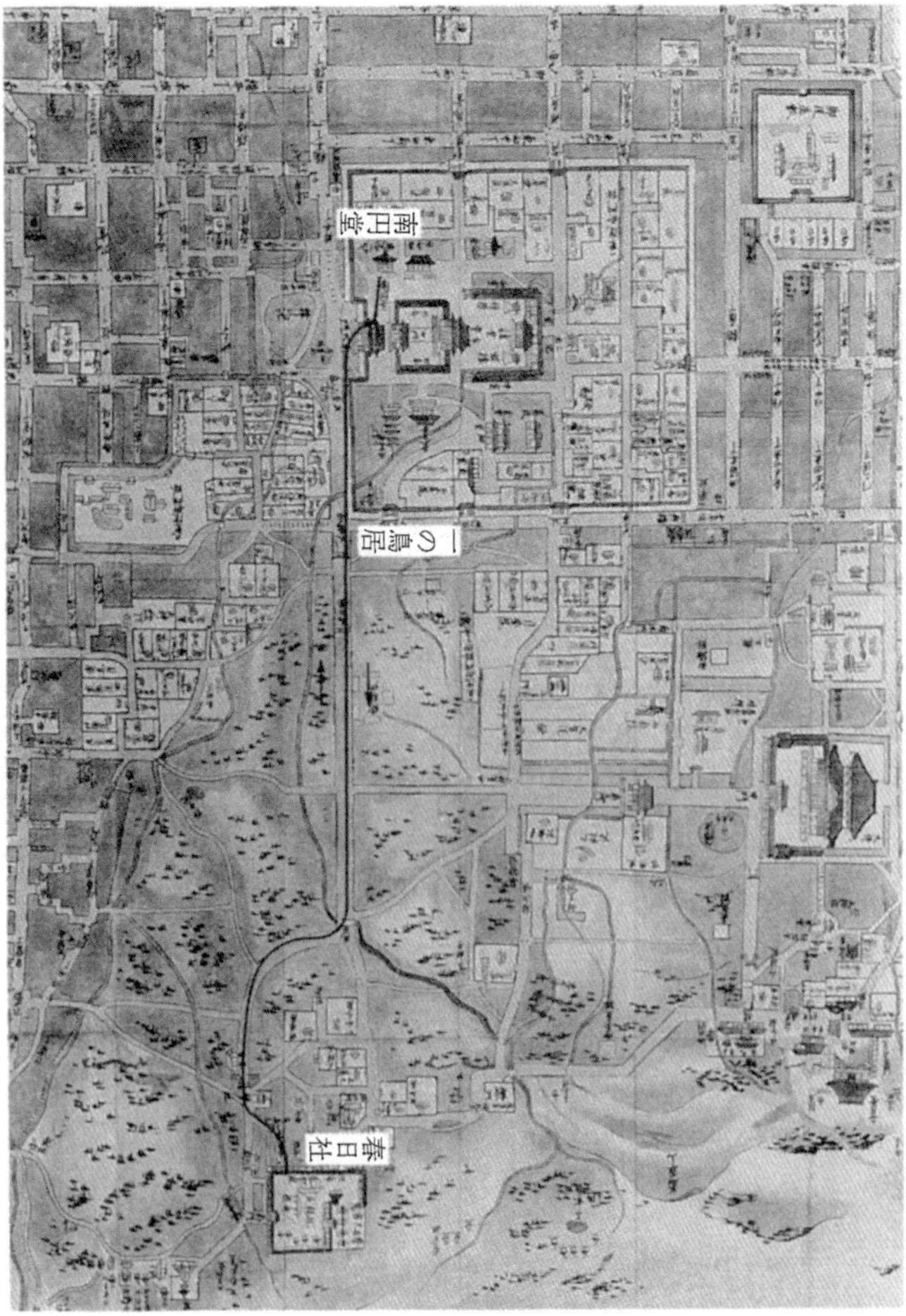

図11　万度・三万度のコース（奈良）

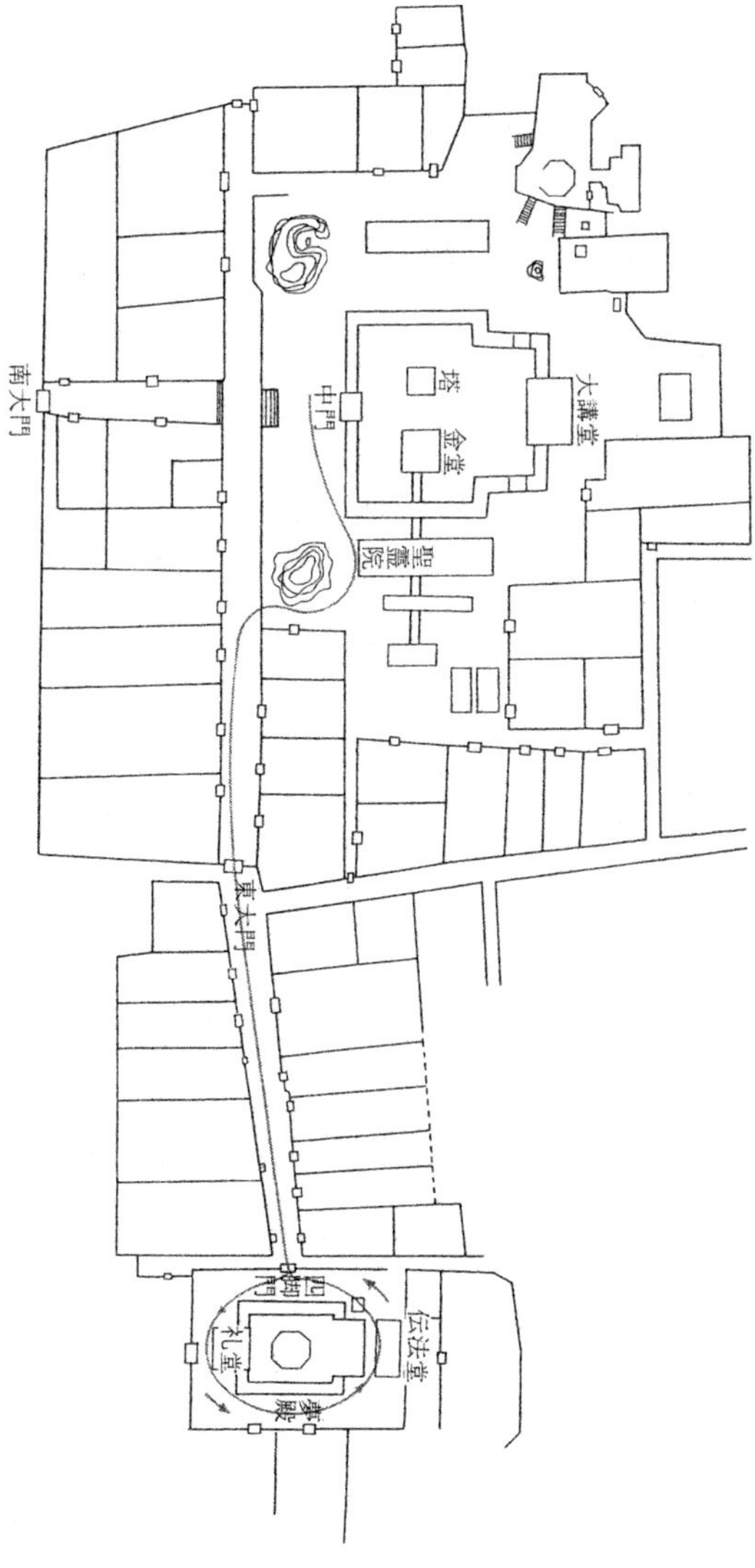

図12　万度のコース（法隆寺）

寺の衆徒であった。

このような祈雨の行事は、法隆寺でも行なわれた。つぎの史料は南北朝時代のものである。

（八月八日）同日、辰時《たつのとき》よりはじめて両郷一万度。十五以上皆参《かいさん》。東郷《とうごう》五千度、西郷《さいごう》五千度。（略）当日には八千五百度、次日一千五百度。（「法隆寺祈雨旧記」観応三年）

東郷、西郷は法隆寺の門前に形成された集落で、同寺の所領である。この両郷の郷民による一万度が午前一〇時前後よりはじまった。東西両郷の一五歳以上の者が全員行なった。ノルマは東郷、西郷おのおの五〇〇〇度であった。当日一日で終えることができずに、翌日に一五〇〇度を持ち越している。おそらく法隆寺の東西両郷に一五歳以上の男女が一万人もいたということはないだろう。そうだとすると、一人一往復ではすまなかったことになる。

なお、図12は、法隆寺の万度のコースを示したものである。往復約一キロである。奈良にもどろう。奈良では何歳以上の者という記事はなかった。しかし、山城の国一揆《くにいっき》でもみられたように、中世では一五歳以上が大人扱いされたことを想起すれば、奈良の万度や三万度でも一五歳以上が駆りだされたと考えてよかろう。文明四年の記事では、「指し合いの体、代官」とあった。これは、服喪中《ふくもちゆう》などで自ら参加することにはばかりのある者は、代わりの者をださなければならないということであろう。これから考えて、一五歳以上の者は、厳しく参加を求められたと思われる。

雨は万民に恵みをもたらす。その雨を祈るのに、奈良の一人前の住民全員が参加するのは当然であった。自然の猛威や恵みのまえに、奈良の住民はまぎれもなくひとつの運命共同体であった。郷民は、ときには郷単位で山伏のような人目をひく格好をして郷の独自性や個性を主張するようなこともあった。また灯籠は、郷単位で出された。しかし、この万度・三万度という行事は、各郷の郷民に、自分たちは共通して奈良という都市の住民であるということを、また各郷は奈良の構成単位であるということを、繰り返し確認させたのではなかろうか。興福寺の衆徒は、祈雨というひとつの仕事・目標のために奈良の住民を一ヵ所に動員することによって、奈良惣中の可能性を住民側に何度も繰り返して教えていたのである。

念仏風流

盆の行事

つぎにみるのは、お盆の行事である。お盆（盂蘭盆《うらぼん》）はいうまでもなく、陰暦の七月一五日前後の数日間にわたって行なわれた行事で、先祖をはじめとする死者の霊を迎えてこれをもてなし、そしてまたあの世へ送り返すものである。死者の菩提を祈っただけでなく、自分の死後の冥福《めいふく》をあらかじめ祈る側面があったともいわれている。

行事の中心は、霊前に供物や手向《たむ》け水を供え、先祖や死者のためにお経を読んだり、念仏を唱えたりすることであるが、一五世紀には、それにともなって念仏風流《ねんぶつふりゅう》、念仏拍物《ねんぶつはやしもの》あるいはたんに風流《ふりゅう》、さらに風流踊《ふりゅうおど》り（図13）などといわれるものが各地で行なわれる

図13　京の風流踊り（上杉本洛中洛外図屏風，米沢市蔵）

ようになっていた。これらの芸能も、死者の霊を迎え、供養し、そしてふたたび送り返すためのものであった。

伏見の風流

京都の南にあった伏見荘《ふしみのしょう》（現京都市伏見区）は、伏見宮貞成親王《ふしみのみやさだふさしんのう》（一三七二〜一四五六）が四〇歳のときから二〇余年住んだところとして有名である。親王は、その日記（『看聞日記《かんもんにっき》』）にこの荘園で見聞きしたいろいろなことを書き残している。七月一五日あるいは前日の一四日の夜には、親王はほぼ毎年、荘内の石井村、船津村、山村などの念仏拍物・風流をひそかに見物している。応永三〇年（一四二三）の親王の日記から伏見荘で行なわれた念仏拍物・風流がどういうものであったのかをさぐってみよう。

七月一五日条によると、山村の拍念仏が石井村へ行き、ついで親王の御所にやってきた。その「風流の体」は、「高野聖《こうやひじり》、負《おい》を懸く」が一〇人余りだったとある。高野聖は、高野山に本拠をおく諸国巡礼の僧で、寺社修造のための勧進《かんじん》（募金）や民衆の教化などを行なった。民衆のあいだに念仏を広めたり、念仏にともなう踊りを教えたりしたのは彼らであるといわれている。「負」は笈《おい》で、高野聖をはじめとする遊行僧《ゆぎょうそう》が仏像、仏具、お経、また衣服や道具などを入れて背負って歩いた箱である。要するに、山村の人びと一〇余人は、諸国を巡礼する高野聖に扮したのである。

この仮装の一行と一緒に、「作物《つくりもの》」として「紅葉枝懸提燈炉（林間暖酒詩心云々）」があったという。これは「紅葉の枝、提げ燈炉に懸く」とでも読むのであろうか。もみじの枝を提灯《ちょうちん》（？）のような灯籠にかけたつくり物で、「林間暖酒詩」の心を表現したものという。「林間暖酒詩」は、「林間暖酒焼紅葉、石上題詩歌払緑苔（林間に酒を暖めて紅葉を焼き、石上に詩を題して緑苔を払う）」という唐の白楽天《はくらくてん》の詩をいう。この漢詩の心をどのように形（「作物」）に表現したものなのか、そしてそれが高野聖とどう結びつくのか、私にはよくわからないが、貞成親王は「その興《きょう》あり」として面白がっている。山村の人びとが面白がらせようと思ってやったことを親王が感心しているのであるから、彼らには、あい響き合う感性と、共通した教養や知識があったのである。

つぎに、石井村の風流が山村へ行った。「石引《いしび》きの体《てい》なり」と記されている。「縄を付け、大勢これを引く」とあるので、建造につかう大きな石を、ころに乗せて運ぶ様子をつくったものであろう。もちろん、石は本物ではなく、張りぼて（張り子）であろう。馬に乗った者が一人先に行き、石の上には人形が御幣をもって立っていた。当時、実際に大石を運ぶとき、一人が石に乗って音頭を取り、大勢が拍子をつけて引いた。これには見せ物としての要素も感じられる。おそらく人気があったのであろう。この風流に対しても、貞成親王は「その興少なからず」と記している。

三番目の船津村の風流は、「浅井名、門破る風情《ふぜい》」であった。「浅井名」は朝比奈で、鎌倉幕府の侍所《さむらいどころ》別当をつとめた和田義盛の息子の朝比奈三郎義秀《よしひで》のことである。義秀は、武勇絶倫といわれた勇者で、和田氏が北条氏に対抗して和田氏の乱を起こしたとき、惣門を破って幕府の南庭に突入している。その惣門、馬に乗った義秀、従者の武者二騎に扮したり、つくったりしたものが船津村の風流であった。どういうわけかわからないが、これに杓《しゃく》をもった勧進僧が一〇人ほどいた。もちろん村人の仮装である。貞成親王は、三つの風流をまとめて、「種々の風流、その興千万なり」と高く評価した。

以上のように、伏見荘ではお盆の夜に、村々がたがいに風流を掛け合った。その風流とは、故事や古典あるいは当時の風俗などに題材を得、意匠を凝らしてあらかじめ制作された、大道具や小道具とでもいうべきつくり物と、それにさまざまな扮装をして村人が加わったものである。そのような一種の仮装行列が、お盆の夜に村から村へ行き交ったのである。

日根野の風流

和泉国の日根野荘《ひねののしょう》（現大阪府泉佐野市）という荘園でも風流があった。この荘園は、前の関白である九条政基《まさもと》（一四四五〜一五六一）が京都からくだって四年ちかく滞在し、当時の村々の様子を日記（『政基公旅引付《まさもとこうたびひきつけ》』）に書き残したことでよく知られている。

政基の日記の文亀《ぶんき》元年（一五〇二）年七月条によると、まず一一日の夜に、荘内の槌丸《つちまる》村《むら》の村人たちの風流念仏が政基のところ（大木村《おおきむら》）にやってきた。翌一二日の夜、昨夜のお返しとして大木村から風流が出された。一三日の夜には、船淵村《ふなぶちむら》の村人たちがやってきて、念仏の後、種々の風流をつくした。「田舎《いなか》の土民《どみん》」のやることであるから、どうせ大したことはないだろうと政基は思っていたが、彼の目の前で演じられたものは、「風情《ふぜい》といい、言詞《げんし》といい」京都の能楽者にも負けない素晴らしいものであった。

一四日にはまた大木村の村人による風流があった。一五日には菖蒲村《しょうぶむら》の風流がやってきた。大木村の風流も行なわれた。一六日には、四ヵ村の惣社《そうじゃ》である滝宮に、四ヵ村による風流の奉納があった。風流は、ここでは能を演じることが中心で、船淵村の衆は、「風流ハヤシ」の後、式三番《しきさんば》と鵜羽《うのは》一番を行なった。式三番は、千歳《せんざい》、翁《おきな》、三番叟《さんばそう》の祝福舞である。見物した政基の家来は、それらの見事さに驚嘆した。

一五世紀の京都南郊の風流と、一六世紀はじめの大阪南部の風流は、内容は異なるものの、いずれも親王や前関白を感心させるような、まことに見事なものであった。ここで取り上げたのは畿内の村だけであるが、お盆には日本中の村々で、このような風流が行なわれていたのである。

古市の風流

奈良にもどってみよう。奈良のすぐ南に、古市（現奈良市古市町）という村があった。一三世紀末に、奈良の南端に南市《みなみいち》という市が立てられるが、それまでこの地に市があったので、新しい市の成立後ここを古市というようになったと伝えられる。古市で行なわれた風流については昔から注目されている。興福寺の大乗院の門主経覚がここに三〇年ちかくにわたって住み、その日記（『経覚私要鈔』）にかなり詳しく風流の内容を書き残してくれたからである。まったく余計なことであるが、経覚は摂関家の九条家出身で、さきにみた政基の叔父にあたる。

経覚のおかげで古市の風流についてはよくわかるが、奈良の町なかで行なわれた風流についてはあまり史料がなく、詳しいことはわからない。そこで、まず経覚の日記によって奈良の南郊古市の風流をみて、そこから奈良の風流の在り方を考えてみたい。なお、古市の風流を考える際に、古市氏の古市城、経覚の住んだ迎福寺《ぎょうふくじ》、それに卒都婆堂《そとばどう》、延命寺《えんめいじ》、北口《きたぐち》、南口《みなみぐち》、市場（市庭）などという小集落がどこにあったのかが問題となるが、古市の江戸時代の集落が復元されている（図14参照）ので、これを参考にしておきたい。古市城は、本丸や二の丸の跡地などが推定されている。延命寺も問題がない。北口は「南都道」と記されたあたり、南口は「字川原」が指し示すあたりであろう。環濠で囲まれた城下の南北の端である。市場は「市立垣内」にあたるかと思うが、図の範囲外のずっと北、岩井川の南に「蛭子《えびす》」（市には恵比寿《えびす》が祀られることが多い）という地名が残っているので、こちらの可能性もある。迎福寺、卒都婆堂については手がかりがなく、どこにあったのか不明であるが、この図の範囲内あるいは周辺にあったはずである。

さて、古市の風流の例として、宝徳二年（一四五〇）七月のものをみよう。

一五日に経覚のところへ古市氏のところから「小風流」がやってきた。ただし、「小風流」とあるだけで、内容はわからない。「小」とあるので、簡単なものだったのだろう。

一六日には、夜八時近くになってやはり古市氏のところから風流がきた。古市氏の当主胤仙《いんせん》の子息である小法師丸（春藤丸《はるふじまる》。このとき一二歳。のちの胤栄《いんえい》）の行なったことだという情報を経覚は得ている。このときの風流の内容は、「綱引、雪マロハカシ、色々売物共、結句有笠ヲトリノ体なり」とある。綱引きは、多くの人がふた組にわかれて引っ張りあう、

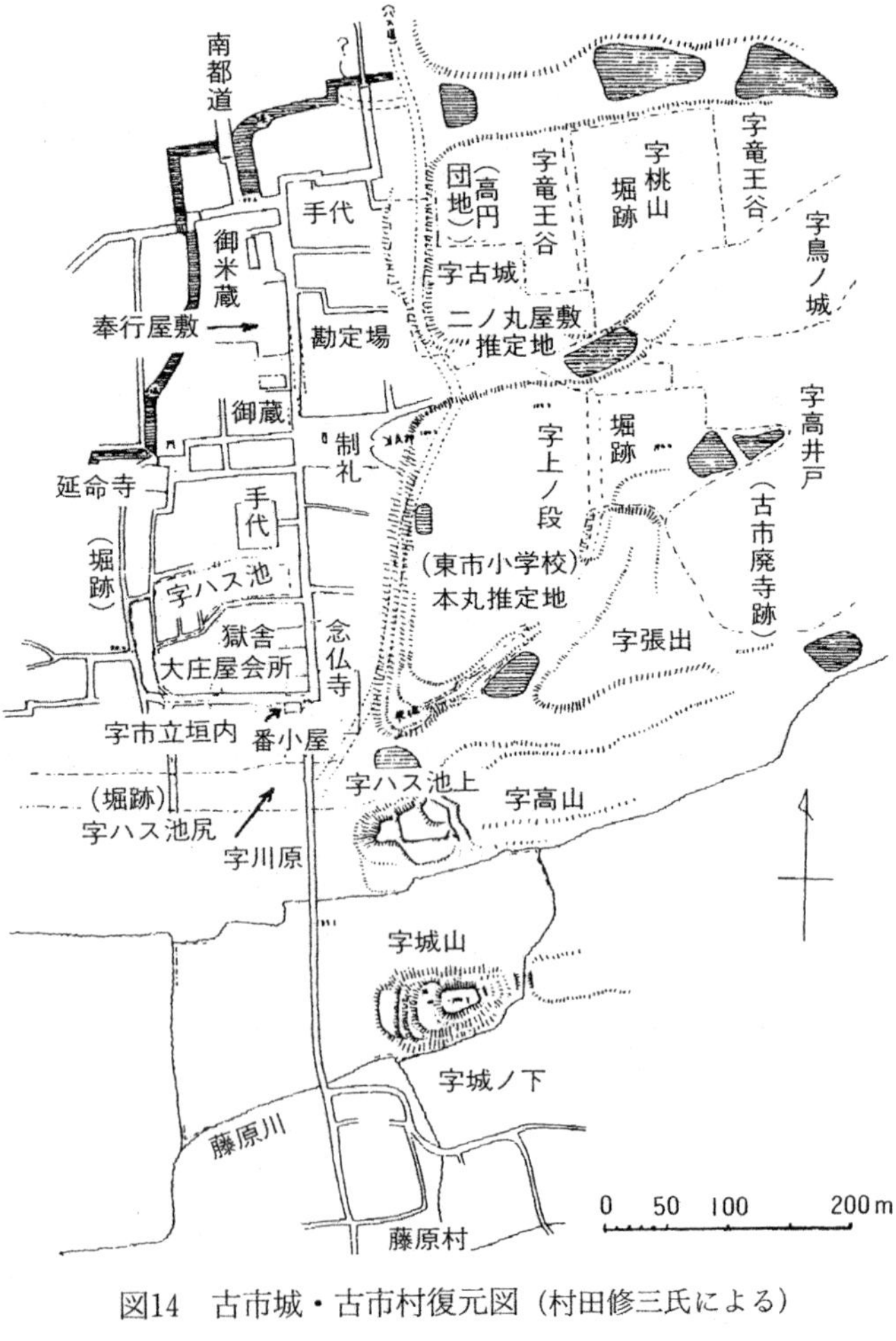

図14　古市城・古市村復元図（村田修三氏による）

あの綱引きであろうか。綱引きは、祭礼の場などで吉凶を占うためによく行なわれるので、ありえないことではないと思うが、実態はよくわからない。雪マロハカシは、他の年に雪丸と書かれており、雪だるまのことである。もちろん、真夏の奈良に雪があるはずはなく、紙の張り子で、なかに人が入っているようである（『経覚私要鈔』寛正三・七・一六）。思わず微笑んでしまうようなかわいらしいつくり物であるが、まだまだ子供である春藤丸が主導権を握って行なった風流だからかもしれない。売物は不明。囃子物《はやしもの》とならんで出てくることがあるので、鳴物《なりもの》つまり楽器の可能性が考えられるが、よくわからない。有笠もわからない。あとの「ヲトリノ体なり」から考えると、なんらかの笠をかぶって踊りが踊られたのであろうか。

古市氏からの以上の風流のお返しとして、経覚のほうからも風流が遣わされた。経覚の身近に仕える者たちが行なったものであるが、まず、「為行者馬上」とある。「為行者」は異形《いぎょう》の者の当て字であろう。どのような扮装かわからないが、ともかく異様な風体のものが馬に乗って行ったのである。つぎに、売物とあるが、前述したようにこれは不明。つぎに、「笠ノ下ニ龍守《りゅうしゅ》・如意《によい》賀《が》以下直垂・大口《おおくち》者共済々」とある。この笠は、華やかに装飾された、いわゆる風流傘《ふりゅうがさ》であろう。その傘をうしろ、あるいは横からさしかけられて龍守や如意賀丸といったお稚児さんたちが、直垂・大口という正装で渡ったということであろう。きれいな少年は立派な見せ物なのである。つぎに、八撥（羯鼓）打ちが一人続き、最後は二人による獅子舞であった。獅子舞は、頭と尾を分担して舞うので、獅子一頭に二人必要なのである。

翌々日の一八日の風流がこの年のハイライトであった。午後四時ころにあった。まず、棒持ち二人。これは、鬼と考えられている。もちろん面をかぶって鬼に扮したものである。つぎに鷺舞《さぎまい》二人。これはつくり物の鷺を人がかぶって踊ったもので、今日の祇園祭りにその姿を止めている（図15参照）。つぎに猿楽二人。古市氏の一族の者が、烏帽子、織物《おりもの》、大口袴というきちんとした格好でこれに扮した。そのあとに囃子手が二、三人。そして、そのつぎに延年《えんねん》がつづいた。延年とは、本来大きな寺院で法会などのあとに行なわれた遊宴、またその場において僧や稚児たちによって行なわれた各種の芸能のことである。歌や舞を中心とした簡単な劇が行なわれることが多い。ここではもちろん本物の延年ではなく、それを模倣したものである。まず寺院の下級職員である仕丁《じちょう》に扮したものが八人。その出で立ちは「赤衣」に「腹巻」、すなわち赤い衣装に鎧《よろい》を着ていたというから派手である。つぎに、やはり寺院の大衆（僧）に扮したものが四人。「絹衣」で弁慶のように頭を袈裟《けさ》

祇園祭の 鷺舞
最後に雌雄の鷺が納まったところ
元

図15　鷺　　舞（松田元氏画）

図16　風流踊りの「カツキ物」（上杉本洛中洛外図屏風）

で包んだ裏頭《かとう》というスタイルで、もちろん長刀をもった。ついで「遊僧《ゆそう》」と呼ばれる芸能者が四人、楽器の演奏者が一〇人、さらに白糸の鎧や金襴《きんらん》の弓籠手《ゆごて》などで華やかに武装した夫催《ふもよおし》・児催《ちごもよおし》といわれる役柄の者が一人ずつ続いた。児催には古市春藤丸が扮していた。その後に花の枝を持った稚児が六人続いた。その格好は、大口袴に鎧で、やはり武装である。そのつぎに「カツキ物」が三つあったという。このときの「カツキ物」(被物、纏物)が何であったかは不明だが、延年の「カツキ物」として、海老、鯱《しやちほこ》、梟《ふくろう》、鷺《さぎ》、鯉、蝶、法螺《ほら》、蛙、鯰《なまず》、鶴、亀、ねずみ、ねこ、うさぎ、たか、むかで、にわとりなどがみられる。これは、これらの動物のつくり物を頭にかぶったものであろう。ついで乱拍子が舞われ、囃子物・売物があった。経覚はこの日の風流について、

およそ今日の儀、もってのほかの結構なり。耳目《じもく》を驚かせおわんぬ。よって見物の貴賤群集す。およそ立針(立錐)に隙なきものなり。両方の口を指すの間、奈良・田舎の者、多く入らずといえども、見物の衆、当郷に満つと云々。所詮《しよせん》、近来の見事。

と述べている。経覚が古市の風流の見事さに驚嘆していること、古市の北口・南口が閉ざされてよそ者の進入が制限されたにもかかわらず、貴賤上下の見物人で古市の里があふれかえったことがわかる。

この年以外の出し物で注目されるものをあげてみよう。

文安四年（一四四七）には、古市氏の兵士たちが「生食《いけずき》の所」「佐々木乗馬」という風流を行なっている。生食は、佐々木高綱《たかつな》が源頼朝からもらった名馬の名前で、高綱がこの馬に乗って、元暦元年（一一八四）に梶原景季《かげすえ》と宇治川で先陣を争った話は有名である。この先陣争いをつくり物に仕立てたものであろう。また、この年には、古市氏の当主である胤仙の父胤憲《いんけん》が風流を経覚のところへよこしている。これは「猿楽」「風流天岩戸」といわれており、天照大神《あまてらすおおみかみ》が天の岩戸に隠れた神話の風流化である。岩戸を怪力でこじ開けた手刀雄命《たぢからおのみこと》には寺僧の善明《ぜんみょう》というものが、天照大神には稚児が、岩戸の前で踊った天女（天鈿女命《あまのうずめのみこと》）には寺僧の延浄というものが扮したと記されている。僧がどのように天女になったのか、私にはちょっと想像できないが、経覚は「芸能殊勝なり」といたく感動している。

長禄二年（一四五八）の市場の風流は、鬼退治で有名な渡辺綱が、鬼の手を切った場面を仕立てたものであった。

応仁元年（一四六七）の延命寺の風流は、「新田四郎、猪に乗りたる様」をつくったものである。新田四郎忠常《ただつね》は、鎌倉時代の武将で、曾我兄弟の仇討ちで有名な建久《けんきゅう》四年

（一一九三）の富士の巻狩《まきが》りの際、巨大な猪に馬乗りになってこれを仕留めたと伝えられる。「狩人済々《さいさい》」とあるので、延命寺の人びとが忠常の乗ったつくり物の猪を中心にして狩人の扮装で加わっていたのだろう。

この年は、ほかにも面白そうな出し物がある。古市氏からは平家が滅亡した壇ノ浦の合戦の一幕を風流化したものが出された。「能登守」「八舟」「九郎判官」などとあるので、九郎判官義経《ほうがんよしつね》が、能登守平教経《のとのかみたいらののりつね》の怪力から逃れるために、八艘の舟のうえをひらりひらりと跳んだという言い伝えを形につくったものであろう。卒都婆堂の人びとが造った風流は、「梶原二度懸所」とある。これは、やはり源氏が平氏を一の谷に攻めたとき、敵陣に深く攻め込みすぎた次男の景高《かげたか》を、ついで敵陣にとり残された長男の景季を、父親である梶原景時《かげとき》が「子供が死んでは生きている意味がない」と、みずからの危険をかえりみず二度にわたって切り込んで救けだしたという所伝をつくったものである。どの場面がつくられたのか、よくわからないが、馬を射られてかちだちになり、兜《かぶと》を失い髻《もとどり》も切られてざんばら髪になって必死に戦う景季を救出する場面がもっともふさわしいように思う。

古市で行なわれた風流は、伏見荘で行なわれた風流とよく似ている。そして、永享《えいきょう》三年（一四三一）ころから伏見荘で念仏踊りがみられるように、古市でもやがて踊りがでてくるようになる。これは、ただ「ヲドリ」と記されるときもあるが、「燈炉ヲカツキツレテ廿余人在之」「桶ヲカミ（紙）テハリ（張）テ廿人計カツキツレテヲトリ了」とあるので、灯籠や、紙でつくった桶を頭につけた格好で行なわれたようである。灯籠はお盆によく登場するが、子孫を訪れた霊の依り代と考えられていた。

この風流の出し物の一環として行なわれた踊りのほかに、見物の群衆の行なう踊りもあった。文明元年（一四六九）七月一四日、奈良市内では踊りが禁止された（後述）。人びとはこれを「無念」に思っていた。これに古市氏は目を付けた。ちょうど古市の風呂釜が破損し、修理ないしは新調に三〇〇〇疋《ぴき》（三〇貫）という大金が必要であった。本来なら、人びとから勧進をもって、つまり募金でもって修造を行なうべきであったが、奈良で踊りが禁止されて無念である、つまり「踊りたい」という人びとの強い欲求が思わぬ展開をもたらすことになった。古市氏は四、五間の「カリヤ（小屋）」を立て、ここを踊りの会場とし、入場料をとって「奈良・田舎」の者を入れたのである。これは、日本で最初の有料ダンス・ホールかもしれない。

そのやりかたも手が込んでいた。「先ハ地下人《じげにん》、家別ニ出人、男女済々」とあるので、まず古市の里の地下人の家ごとに人を出させ、男女が楽しそうに踊っている状況をつくり出した。そうして踊りたくてたまらない奈良・田舎の者を有料入場者として誘い込んだのである。南北の口に人を配置し、ひとり当たり六文取ったという。経覚は桟敷からこれを見物した。

この古市氏の興行は、大成功だった。翌一七日には、「所々の者、異類異形《いるいいぎょう》にて終日おどりおわんぬ。二三千人もこれあるべしと云々」とある。もともとよそ者で見物衆にすぎないはずの人たちが、それぞれに奇抜な装いをしてつめかけ、踊ったのである。なお、この日、本当に三〇〇〇人の有料入場者があったとすると、三、〇〇〇×六文＝一八、〇〇〇文（一八貫）となり、風呂釜修造費の六割は一日で調達できたことになる。

最後に確認しておきたいことは、風流は村同士がたがいに掛け合うものであったということである。伏見で貞成親王がひそかに見物したのは村々を行き交った風流である。日根野で政基が書き留めた風流も、もともと荘内の村々で掛け合った風流である。経覚はあまりその点に触れていないが、彼がみた風流も、古市氏がとくに経覚のために仕立てたもののほかは、村の間を行き来した風流が、ついでに彼のところにも立ち寄ったものである。

このように、中世の村人たちは、お盆に隣近所の複数の村と風流を通して交流していたのである。

奈良の風流

長禄二年（一四五八）七月一八日、尋尊はその日記『大乗院寺社雑事記』に、古市の経覚のところで延命寺と北口の風流をみたこと（これは経覚の招待によることが経覚の日記からわかる）、夜にはさらに南口と市の風流があったが、それは見ないで帰ったことを記している。しかし、風流の内容にはまったく触れていない。経覚は風流に感動し、それについてこと細かに日記に書き残しているが、尋尊は冷淡である。経覚はよくいえば風流人、悪くいえば遊び人、それに対して尋尊は、よくいえば謹厳な実務家、悪くいえば風雅を解せぬ堅物である。そのタイプの違いが、日記の書き方によく出ていておもしろい。

翌年の長禄三年、奈良では風流を抑制する動きがあらわれる。

夜中念仏ならびに夜行《やぎょう》、六方としてこれを止《とど》む。もっとも然《しか》るべきことなり。日中においては、辻子辻子念仏等これあり。（長禄三・七・一五）

夜行はふつう夜間に移動すること、出歩くことである。なんの予備知識もなく突然この記事にでくわすと、なぜ夜間に念仏を唱えてはならないのか、なぜ夜間に移動してはいけないのか、ちょっと理解できないだろう。しかし、いままでみてきたように、お盆には村々が風流を、とくに夕刻以降に掛け合っていた。この知識のうえに立てば、ここでいう夜行とは風流（仮装行列）であると理解できるだろう。すなわち、奈良の町の人びとも、お盆になると夜間に念仏を唱え、風流を掛け合っていたのである。それを、六方が禁止したのである。禁止の理由はよくわからないが、こういう行事や祭りと喧嘩や騒擾はつきものである。おそらく治安維持の必要からであろう。こうして夜間の念仏と風流は止められたが、昼間は「辻子辻子」つまり奈良中の十字路で念仏を行なうことは別に問題ではなかった。辻子は道と道とが出会い、交差する場であるが、あの世とこの世との接点とも考えられていたので、念仏にはふさわしい場所だったのである。

翌々年の寛正二年（一四六一）、風流が行なわれていることが確認できる。

鵲郷民、念仏風流その興を催す。参仕おわんぬ。風流獅子舞なり。

大乗院郷の鵲郷の郷民が風流を行ない、ついでに大乗院の尋尊のところへも見せにやってきたのである。その風流は獅子舞であった。この記事によって、奈良の風流が郷単位に行なわれたことがわかる。また、この記事は郷の風流の内容がわかる貴重なものである。獅子舞は古市でもみられたが、おそらく奈良の郷々の風流も、古市の風流もそれほど違わないものであっただろう。また、尋尊は、もう少し後にならないと踊りがあったことを日記に記していないが、市内でもすでに風流の一環としての踊りが、また見物の衆の踊りがあったとみてまちがいないだろう。

さて、さきの長禄三年の例では、念仏風流の禁止は夜間に限られていたが、五年後の寛正五年（一四六四）には昼間も禁止された。

奈良中の辻子の念仏、これを止どむ。不吉のことか。冷然きわまりなし。風流においては、もっとも停《とど》むべし。（寛正五・七・一四）

ここでは明確に奈良中の辻子の念仏と記されており、奈良全域にわたって念仏が行なわれていたことがわかるが、奈良の念仏の全面禁止に関しては、さすがの尋尊も、不吉であまりにも冷えびえとしているとして疑問を抱いている。ただし、風流の禁止には賛成している。

このように、奈良の風流はしばしば禁止されている。禁止を命令したのは、あるときは興福寺の六方であり、他のときは同寺の衆中であった。いずれにしろ、子供たちが静まり返り、貝や鐘の音がまったく聞こえないお盆は、尋尊にも不吉に感じられるものであった。禁令によって「地下人の迷惑、大方《おおかた》ならざることなり」と、尋尊は奈良の人びとの不満を書き止めている。

郷の連帯

風流は、しかし、奈良からなくなったわけではない。むしろ発展していった。文明一〇年（一四七八）にはにぎやかに行なわれたことが『大乗院寺社雑事記』に記されている。七月一六日には、中市郷と城戸郷の風流があった。両郷とも舞車（山車）を出している。翌一七日には、河上郷（薬師堂郷）、北市郷、今辻郷の風流があり、舞車が出された。

この年、風流を行なったのは右の五郷にすぎない。奈良中の郷の数からすると、ごく一部である。しかし、尋尊によると、「自余の郷々」つまりその他の郷は、二日間ともに「寄郷」になったというのである。これは見逃すことのできない重要な事実である。

　その他の郷とは、あとの記述からみて、奈良中のその他の郷である。「寄郷《よりごう》」になったとは、協力する郷、力をあわせる郷になったということである。具体的にいえば、風流を仕立てるための費用を分担したということであろう。奈良中の郷々が、五郷に協力して風流が行なわれた、さらにいえば、奈良中が共同してこの年の風流が行なわれたのである。

もともと奈良の風流も各郷単位で仕立てられて、近隣の郷に掛け合う形で行なわれていただろう。ひとつの郷がどこまで出掛けていったか、そのようなことを教えてくれる記事はない。しかし、伏見荘、日根野荘、古市などの風流をみると、風流は荘内で動いているように思われる。したがって、掛ける対象の村は三つ四つではないかと思われる。荘外にまで出ていっているようには思えない。

風流は、それほど遠くまで行かず、またそれほど多くの相手には掛けないと思われる。奈良の郷の風流も、せいぜい近隣の数ヵ郷に行っていたにすぎないと思う。しかし、ひとつの郷はせいぜい数ヵ郷と結ばれていたにすぎないにしても、隣の郷はその向こうの郷と結ばれている。そしてその向こうの郷は、さらに向こうの郷と結ばれている。したがって、奈良を全体としてみれば、風流で結ばれた郷々のネット・ワークが存在したのである。このネット・ワークがひとつのまとまりとしての自覚を獲得し、動きだしていたのである。

もうひとつ、重要なことがこの年の風流をめぐって記されている。

地縁の強化

大乗院や一乗院門跡に仕える力者や御童子といった下級の職員の多くは、郷に住んでいた。一般の郷民にはさまざまな課役がかけられてきたが、門跡に所属する者はそれらの多くを免除されていた。風流のための費用もそのひとつであった。風流の費用は、郷の組織が個々の郷民に割り振ったが、力者・御童子は身分的特権によって払わずにすんだのである。

ほとんどの力者・御童子はこの特権を行使していたが、「鵲の御童子のうち千松丸《せんまつまる》」という者は、文明一〇年（一四七八）ころにはとくに望んで風流の費用を負担していたという（文明一〇・七・一七）。これは直接には風流の魅力を物語るものであろうが、風流をつうじて人びとが身分、所属を超えて、地縁的に団結を強化しはじめていることのあらわれでもあるだろう。

中世末期にかけて、風流や踊りは、奈良では住民の団結そのものとして史料上にあらわれてくる。

天文一九年（一五五〇）七月二〇日、奈良の人びとは雨乞いとして風流や踊りを催した（『多聞院日記』）。

祈雨立願の踊り、南里分これあり。近来の見事なり。今御門、元林院衆、橋弁慶これをつくりおわんぬ。

雨乞いのために奈良の南郷の人びとが踊りを行なった。それは見事なものであった。さらに、今御門郷と元林院郷の人びとは、橋弁慶の山をつくった。

そして、翌二一日には、

祈雨北里分これあり。金銀色を尽くし、好糠（彩か）目を驚かしおわんぬ。

とある。この日は、北郷が踊ったのである。このように、祈雨のための踊りが、奈良を南北ふたつに分けて二日間で行なわれている。これは、奈良がすでに全体としてまとまっているることを示していよう。一個にまとまったものが、南北の踊りという形であらわれているのであるが、踊りそのものが、まとまりの形成に大きく寄与したことは、おそらく間違いないだろう。

盆踊りについてもみておこう。天正七年（一五七九）の盆踊りは、七月一七日に北郷が行ない、翌一八日に南里が行なっている（『多聞院日記』）。このころ、祈雨にしろ、盆踊りにしろ、北郷と南郷が交互に行なうことになっていたのである。奈良惣中は、確かに成立していた。

衆徒の奈良支配

衆徒とはなにか

複雑な支配

中世奈良の支配のありかたは、かなり複雑である。

さきに、中世都市奈良は、南都七郷（寺門郷）、一乗院郷、大乗院郷、元興寺郷、それに東大寺郷に分かれることを述べた。念のために、それぞれの領主を確認しておこう。南都七郷の領主は興福寺一寺、一乗院郷の領主は興福寺の有力院家である一乗院、大乗院郷の領主は同寺のもうひとつの有力院家である大乗院、元興寺郷の領主も大乗院、東大寺郷の領主は東大寺であった。

これらの領主が、それぞれ所領の郷々の支配を行なった。これは、当たり前のことで、理解しやすいだろう。

ところが、それだけではないのである。おのおのの領主が、それぞれの所領に対して、排他的、独占的な支配を行なっていれば、べつにあらためて問題とすることはないのであるが、

貸借の裁判・徳政令の発布
盗みの取り締まり
博打《ばくち》の取り締まり

などに関しては、少々話が込み入ってくる。これらの問題に関しては、興福寺の衆徒《しゅと》のなかから選ばれた衆中《しゅうちゅう》が、個々の領主権を押さえて、奈良中、その権限を持ったのである。ここに、中世都市奈良のおもしろい特徴がある。本章ではそのことをみていきたい。まず衆徒について簡単に説明しておこう。

集団の分裂

衆徒という言葉は、もともと大衆《だいしゅ》と同じ意味で用いられ、大きい寺の僧侶全体を指していた。興福寺でも平安末期の院政期には、興福寺の僧全体を指して衆徒、大衆といわれている。このころ、すでに僧や寺院の世界に、その外の身分が持ち込まれるようになっていた。つまり、貴族の家出身の僧は出世がはやく、そうでない僧は出世のスピードが遅い、あるいはそれほど出世できないということがみられるように

表6　衆徒一覧（康正3・4・28）

一乗院方被官	筒井　龍田　山田　同戌亥　井戸　菅田　櫟原　小南　高樋　杉本東　六条　岸田　唐院　秋篠尾崎　同南　鷹山奥　小泉次郎　池田下司　郡殿東下司　同西下司　幸前下司　木津執行
大乗院方被官	古市　小泉　同尾崎　番条　丹後庄　松立院　知足院　鞆田　同室　見塔院　法花寺奥　瓜生北院　大安寺向　箕田　庵治辰巳　鳥見福西　今市新　森本　山村　椿井　窪城　辻子　豊田　萩別所　福智堂　井上　長谷寺執行

なっていた。また、学問・教学にもっぱら専念すればよい学僧と、寺院社会や組織をささえ動かすために種々の雑行に従事せざるをえない僧（禅衆《ぜんしゅ》などとよばれた）との違いもきわだってきていた。それにもかかわらず、まだ平安末・鎌倉初期には身分別に僧集団が分裂したり、相互に激しく争うということはなく、衆徒、大衆としてのまとまりを維持していた。

しかし、一三世紀の末ころに衆徒集団は分裂する。衆徒は、ときには武装集団となって外部の勢力と戦い、あるいは大和国などにおいて暴力的な支配を行なうことがあったが、このような荒々しい側面を備えた集団から学問僧たちが上昇・分離していった。分離した学問僧たちは、老衆が学侶《がくりょ》、若衆が六方《ろっぽう》とよばれる集団を形成した。そして「弓箭《きゅうせん》（弓矢）を取る」僧たちが衆徒として残されることになったのである。平安末・鎌倉初期から鎌倉後期・南北朝期にかけての興福寺僧集団の変遷は、ごく大雑把にいえば、このように捉えられる。

室町時代に衆徒の数は減ったようであるが、それでも尋尊は表6のように、一乗院あるいは大乗院の門主と主従関係を結んでいるもの五〇名前後を、その日記のなかにリスト・アップしている。両門跡と主従関係になかった衆徒はここには現われないので、衆徒全体の数はもう少し多かったはずである。

在地の領主

これらの衆徒は、もちろん興福寺の僧であるが、尋尊のリスト・アップの仕方に彼らの本質がよく現われている。ふつう、このクラスの僧を書き上げる場合、何々房（坊）とか、公名《きみな》を持つ者であれば、何々公《なになにのきみ》と書く。事実、尋尊も衆徒を「長順房《ちょうじゅんぼう》、播磨公《はりまのきみ》、但馬公《たじまのきみ》」などと書き上げている例がある（文明一四・一二後付）。しかし、尋尊が衆徒の名前を書くときは、ほとんどの場合が表6のように、名字（地名）や荘園での役職名である。これは、彼らの活動の基盤が寺内よりもむしろ寺外にあり、その本質が在地の領主であることをよく示している。

いくつか例をあげて説明しよう。一乗院方衆徒の筆頭にあげられた筒井氏について。このとき筒井といえば、筒井順永《つついじゅんえい》（一四一九〜七六）のことであるが、筒井氏が大和盆地南

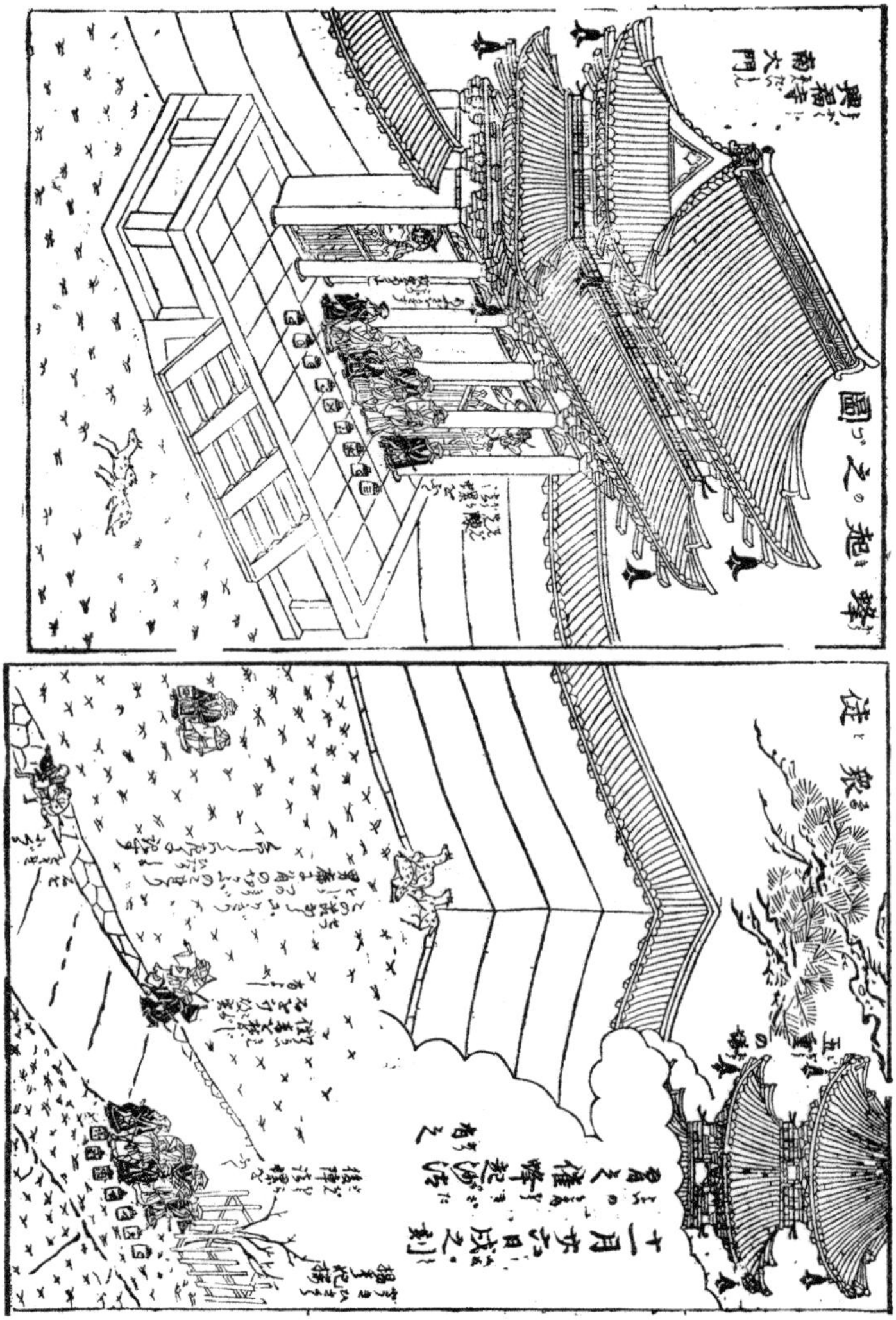

図17　衆徒蜂起の図（『春日大宮若宮御祭礼図』）

部の越智《おちし》氏と室町時代の大和国を二分するほど大きな力をもったことは、よく知られているだろう。その本拠地は現在の大和郡山市筒井町《やまとこおりやましつついちょう》で、とくに大和国の西北部に対して大きな影響力を持った。応仁の乱では畠山政長《はたけやままさなが》方（東軍）として活躍している。順永の息子順尊《じゅんそん》の代には、畠山義就《はたけやましなり》方（西軍）の力が強くなり、順尊は本拠を離れて大和盆地東の山内などで流浪の生活を余儀なくされる。しかし、筒井氏はその後また勢力を盛り返し、織田信長の時代に筒井順慶《じゅんけい》（一五四九〜八四）が出て大和一国の支配を認められた。

大乗院方筆頭の古市氏は、さきに風流の項でみた古市氏のことである。古市氏は、このころすでに丘の上の城と平地の城下町とを組み合わせ、まわりに堀や曲輪《くるわ》（かこい）などをめぐらした総構《そうがま》えといわれる根拠地をつくりあげていた。応仁の乱では当初中立的だったが、その後義就方にくみして最盛期を迎える。風流をさかんに催した古市胤仙の子澄胤（一四五二〜一五〇八）は、連歌、謡曲、茶道、蹴鞠、馬術など種々の芸能に堪能であった。その勢力は大和だけではなく、幕府の管領細川政元《ほそかわまさもと》に接近することで南山城にも及び、相楽郡《そうらくぐん》、綴喜郡《つづきぐん》の守護代《しゅごだい》になった。しかし、澄胤のあと、その勢力は衰退した。

以上の筒井氏や古市氏は、衆徒のトップ・クラスなので、もう少し下のクラスの者もみておこう。

一乗院方の池田下司《いけだげす》は、現奈良市池田町にあった一乗院領池田荘《いけだのしょう》の下司である。この池田荘は、鎌倉時代はじめの史料によると、三六町（約四二㌶）余りのさほど大きくない荘園である。室町時代の池田氏は目立つ存在ではなく、古市氏の代官をつとめてその配下にあった。在地での活動としては、隣の井殿荘と荘園の境をめぐって争ったことが尋尊の日記に記されている程度である。

もうひとり、大乗院方の福智堂氏《ふくちどうし》をみておこう。同氏の本拠地は、現在の天理市福智堂町で、おそらくこの地の下司職を持っていた。また、近隣の九条荘《くじょうのしょう》（現天理市九条町）の下司職《げすしき》・給主職《きゅうしゅしき》、田村荘（同田町）の代官職《だいかんしき》を持ったことがある。この辺り一帯の実力者だったとみてよい。隣の長柄荘《ながらのしょう》の衆徒長柄氏《ながらし》との争いが、他の衆徒や国衆《くにしゅ》を巻き込んで大騒動になったこともある。

以上のように、衆徒は興福寺の僧であるとともに、荘園の下司職などを持つ在地の領主である。彼らは他の国の国人《こくじん》とよばれる存在に相当する。国人たちがしばしばその国の守護と主従関係を結んで自分の支配権の維持・発展をはかったように、大和の国人たちは事実上大和の守護権をもつ興福寺のなかにはいり、衆徒として支配の一翼を担ったのである。

下級の僧

衆徒の僧としての階級をついでにみておこう。尋尊によると、当時の僧の昇進次第はつぎのようになっていた。

法師《ほうし》　大法師《だいほうし》　已講《いこう》　法橋《ほっきょう》　律師《りっし》　法眼《ほうげん》　権少僧都《ごんのしょうそうず》　少僧都《しょうそうず》
権大僧都《ごんのだいそうず》　大僧都《だいそうず》　法印《ほういん》　権僧正《ごんのそうじょう》　僧正《そうじょう》　大僧正《だいそうじょう》

個々の衆徒が僧としてどのような位にあったのか、さきにみたように彼らの位は通常記されていないので、よくわからない。尋尊は、衆徒は法橋、法眼まで昇ることができると記している（『尋尊御記』）。『大乗院寺社雑事記』では、「伊豆《いず》法橋《ほっきょう》」という者が衆徒のリストのトップに書かれていて、それ以下の者には僧階が記されていない例がある（文明一四・一二）。文明元年（一四六九）、春日若宮祭の田楽頭役《でんがくとうやく》という、本来学侶身分の者が負担しなければならない経済的な役を筒井順永が勤めたとき、彼はその功によって翌年大法師から律師に昇進している。已講は、学侶《がくりょ》が維摩会《ゆいまえ》という興福寺の最高の行事で講師を勤めた後に得る地位であり、そのような役割を勤めることがない衆徒には無縁の位である。これらのことから考えると、大多数の衆徒の位は、大法師、法師あるいはそれ以下であっただろう。一寺全体からみると、これは身分の低い、まさに下臈《げろう》の集団である。ちなみに、尋尊や経覚など摂関家出身の者は、少年僧（禅師《ぜんじ》）としてある程度経験をつむといきなり権少僧都になった。そしてその多くは大僧正まで昇りつめている。

衆中

衆徒のなかから二〇名が選ばれて衆中が組織された。さらにそのうちの有力者一ないし数名が棟梁《とうりょう》として全体を統括し、事務能力を備えたもの二、三名が沙汰衆《さたしゅう》として外部との折衝・連絡などにあたった。衆中は、官符衆徒《かんぷしゅと》、官務衆徒《かんむしゅと》と名乗り、またそうよばれることがある。

質物・借物・徳政

衆徒が奈良中に対してもった権限のうち、質物・借物の成敗権、言いかえると貸借関係の裁判権からみていこう。まず、貸借関係の争いに関しては、

質物・借物

衆中が自分たちより高位の僧をも裁いたこと、奈良中に対して支配権を持っていたことをみておこう。

長享《ちょうきょう》年間（一四八七～八九）に、興福寺の東院《とういん》という院家の院主と、僧都の位を持つ懐《かい》秀《しゅう》という僧との間で借物をめぐって争いがあった。両者は学侶《がくりょ》のなかでも身分が高いほうである。この争いを、衆中が担当した。東院の言い分にどうやら分があったが、衆中のなかに懐秀に味方する者がいて、なかなか決着がつかなかった。やがて懐秀は、このままで

は自分が不利と判断し、この件をあらためて学侶集会に訴えた。学侶はこれを受理して配下の講衆《こうしゅう》（学侶中の下臈集団）という集団に扱わせた。そして、「僧の貸借問題は講衆が沙汰をする。衆中の裁判に従ってはならない」と「一決」した。この決議を受けて講衆は、東院に対してなぜ衆中の裁断を仰いだのかと責めた。

これに対して、東院はつぎのように答えている（長享三・八・七）。

学道方《がくどうがた》の借下《しゃくげ》の間のこと、衆中に披露、珍しからぬことなり。愚身《ぐしん》度々におよび衆中に披露おわんぬ。その外も学道より衆中に披露のこと、毎々のことなり。

学道は、学侶・六方《ろっぽう》の両方を含んだ言葉である。借下は借金、貸借のことである。東院の主張はこうである。学侶・六方の貸借問題を衆中に訴えるのは、なにも異例のことではない。私は何度もそうしてきた。自分だけでなく、学侶・六方の他の者が衆中に訴えるのも、毎度のことである。その主張は明快だろう。今回学侶が先例を無視して介入するまで、高位の僧であってもその貸借問題は衆中の管轄であったのである。

衆中は門跡さえ裁いた。明応ころ（明応元年（一四九二））、一乗院門跡は同院の所領である生狛荘《いこまのしょう》（現生駒市）の佐田名《さだみょう》という名《みょう》を抵当にして大乗院方衆徒である高天辻子《たかまつじ》という者から金を借りた。一乗院は約束どおりに返済せず、佐田名は流れることになった。

しかし、一乗院はこれを承知せず、引渡しを要求する高天辻子との間で相論となった。衆中はこの件を裁き、「高天辻子理運の旨」の「成敗」を下している（明応七・三・七）。一乗院門跡の主張は、衆中によって退けられたのである。

僧の貸借のトラブルに関しては比較的史料があるが、奈良のふつうの郷民の貸借がもめたケースに関しては、『大乗院寺社雑事記』に記されていない。そんなことは尋尊の関心の外のことだったのだろう。しかし、借物に関して衆中が大乗院郷に使者を派遣するときには、大乗院の定使《じょうし》が立ち合うという慣行の存在が知られる（文明六・三・七）ので、衆中がふつうの郷民のトラブルを裁いたことはほぼ間違いないだろう。

徳政令の発布

つぎに衆中が徳政令を出したことをみておこう。

正長《しょうちょう》元年（一四二八）九月に、畿内と周辺諸国の民衆が徳政令の発布を要求して蜂起した。尋尊が「日本開白《かいびゃく》（開闢）以来、土民蜂起是《こ》れ初《はじ》めなり」と書き記した、有名な正長の土一揆である。一揆の波は、奈良には一一月に押し寄せた。奈良の北、西、南の三方から一揆が奈良に侵入する勢いをみせていた。衆徒の棟梁《とうりょう》である筒井覚順《かくじゅん》の努力にもかかわらず、一揆を押さえ込む見込みは立たなかった。かくして、徳政令がだされることになった。そのことを、東大寺の僧はつぎのように記している（「転害会施行日記」)。

十一月廿五日、興福寺の衆徒の僉議《せんぎ》として、ついに徳政をやるべき旨、治定《ちじょう》しおわんぬ。大綱《たいこう》七ケ条に掟《おきて》を定め、東大寺へも牒送《ちょうそう》の間、その旨《むね》に任せて徳政を成しおわんぬ。

ここから興福寺の衆徒の決定として奈良で徳政が実施されること、その大綱が七ヵ条に記されて東大寺にも通知され、東大寺ではそれにしたがって徳政を実施したことがわかる。

奈良の徳政令は、この正長のものと、六〇年ほど後の延徳二年(一四九〇)のものが知られている。それらは、つぎのような形式の高札で人びとに知らされた。延徳度のものに即して示しておこう(延徳二・一〇・二〇)。

定む　徳政の事

条々

一　現質物においては、(略)……事。

一　利銭《りせん》・出挙《すいこ》においては、(略)……事。

一　本銭返《ほんぜんがえ》しの田地ならびに(略)……事。

一　米銭の憑支《たのもし》(略)……事。

一　質物ならびに（略）……………………事。
一　期限においては、（略）…………………事。
右、徳政の条々、大綱かくの如し。子細多端の間、不審の題目に至りては、沙汰衆の辺において糺明あるべき旨、衆徒の僉議により下知件の如し。
延徳二年十月　日　権専当朝舜《ごんのせんとうちょうしゅん》
（花押）
官符衆徒沙汰衆
（花押）

『大乗院寺社雑事記』の記事では、最後の奥上《おくうえ》の署判は「官符衆徒沙汰衆」とだけあるが、「両沙汰衆」が「加判《かはん》」したとあるので、できるだけもとの形に近付けるために花押をふたつ補ってみた。日付の下の権専当朝舜は、この文書の作成にあたった興福寺公文所《くもんじょ》の下級職員であるが、衆徒の沙汰衆がそれより上位者の位置に署判していること、また「衆徒の僉議により」という書き止め文言から、この徳政令の発令者が衆徒であることは明白である。

徳政令は、一定の条件にあう質物をただで取り戻させ、借金を棒引きにし、本銭返しの条件で売られた田地をただで取り戻させ、憑支を無効にするなど、きわめて重要な内容をもつ法令である。今日、借金を棒引きにする法令が出されたとすると、どんな混乱が起きるか、どんなに経済秩序が攪乱されるか、ちょっと想像してみてほしい。私個人としては、カードでの買物がただになるとか、住宅ローンから解放されるとか、楽しいことのほうが多いような気がするが、全体として考えれば、日本経済が破綻するだろうと思う。もちろん、中世では経済の規模はもっと小さく、その仕組みももう少し単純だったが、それでも徳政令が社会に甚大な影響を及ぼすものであったことはまちがいあるまい。

そのような重要な法令を、どうして身分の低い興福寺の衆徒（衆中）が出しているのであろうか。形式的には別当が依然として興福寺のトップである。僧の身分からいえば、学侶が一番上で、したがって学侶の意志決定機関である学侶集会は、衆徒の集会よりも当然格上と考えられていたはずである。それにもかかわらず、奈良の徳政令は、衆徒の合議によって出されるものであったのである。

また、さきにみた貸借をめぐるトラブルの場合も、学侶、院家、そして門跡さえも衆中の裁判に服すことになっていた。

下剋上か

なぜ、そうなっていたのか。この問題は、おそらく下剋上《げこくじょう》の文脈のなかで考えられてきた。本来このような重要なことがらは、別当や学侶の権限に属したが、中世後期の下剋上の風潮のなかで、身分の低い在地出身者の手に握られるようになったのだと。つまり、従来の身分秩序や支配の崩壊にともなう、新しい事態の出現と捉えられてきた。

そうではないだろうというのが、ここでの話である。

尋尊は、『大乗院寺社雑事記』延徳二年一二月の記事を書き終えたあとに、つぎのような文章を記している。この最後の部分で尋尊はなぜ衆中が質物、借物、徳政を成敗するのか、その理由を説明している。

利銭・出挙は、人間道においてあるべからず。不道の第一の事なり。よって、上代是非につき、その法に及ばざることなり。一天下公家の御成敗にこの法なし。また一天下武家の成敗に同じくその法なし。（中略）これ、しかしながら一天下に利銭・出挙の沙汰なきゆえなり。人道においてかくの如し。いわんや四ケ大寺以下の法中《ほうちゅう》、利銭・出挙かなうべからざることなり。およそ悪事の第一なり。戒律に背くことなり。等持寺殿《とうじじどの》尊氏御代初め、建武三年より京都の土倉《どそう》に質物これを取る。無尽銭《むじんせん》と号すること、これ初めなり。亡国の基、これにすぐべからず。その後次第に諸国に沙汰せしめ、あまつさえ法中の族、この悪行を興成《こうじょう》おわんぬ。（中略）

南都のことは、深き悪行の題目の間、質物のこと、借物のこと、ならびに徳政のことは学道に存ぜず、一円雑務方衆中、あい計らい成敗せしむるものなり。

大意を取るとつぎのようになる。

利銭・出挙は、あってはならないことである。昔、この問題に関する法はなかった。公家法にも武家法にもなかった。天下に利銭・出挙がなかったからである。俗世間でもなかった。ましてや僧の世界では、利銭・出挙はあるまじきことである。悪事の最たるもので、戒律に背く。

足利尊氏のとき、建武三年に京都の土倉が質物を取ることを始めた。国をほろぼすものとしてこれ以上のものはない。これは次第に諸国に広まり、こともあろうに僧がこの悪行をさかんに行なった。

利銭・出挙は、大変な悪事であるので、奈良では質物、借物、徳政の問題は学道（学侶と六方）は扱わない。ひとえに衆中が担当する。

尋尊のこの文章には明らかな間違いがいくつかある。たとえば、古代に出挙があったことは、たいていの高校教科書にのっている。また、公家・武家の法に利倍法《りばいほう》と呼ばれる利息制限法があったこともよく知られている。また最近の研究では、僧集団が寺院社会維持のため、また檀越《だんおつ》（スポンサー）の祈願のために利を追求することは戒律にかなう行為であることが明らかにされている。したがって、この文章の利用にあたっては慎重でなければならないが、最後の部分は、同時代人の証言としてきわめて貴重である。

利息をとることは、忌《いま》わしい「深き悪行」である。質物、借物、徳政にはすべて利息が関わる。学侶・六方はこんなことに関わってはならない。それゆえ、質物、借物、徳政の問題は衆中の扱うことがらとなった。少し言葉を補うと、尋尊はそう言っているのである。この説明も、前段の歴史的な説明同様、あてにならないだろうか。

私は、なると思う。

学侶・六方が衆徒・大衆から上昇・分離したとき、本来の衆徒・大衆集団が持っていたさまざまな権限も、分割されることになった。もちろん、それが一挙に、整然と行なわれたとは考えにくい。さまざまな紆余曲折《うよきょくせつ》があっただろう。しかし、基本的には、武力行使に代表されるような、学侶・六方が基本的にタッチしたくない種類の仕事・権限が、衆徒集団に残されることになった。

利息という「深き悪行」が必ずついてまわる貸借の成敗も、徳政令の発布も、本来、学侶・六方が避けて通りたいタイプの問題だったのであろう。言いかえると、それらは衆徒が上から奪い取った権限ではなく、むしろ押し付けられたものだったのである。そのことを徳政に即して考えてみよう。

徳政の性格

徳政とは、本来仁徳ある政治のことである。実際にはさまざまな政策として現われるが、その基調は、本来のあるべき姿に戻すということであった。つまり、復古、復活を基本とする政治である。その意味で、荘園を公領に戻す平安時代の荘園整理令などもれっきとした徳政であり、売ったものをもとの持ち主に取り戻してやることも徳政となりえた。

徳政は、彗星《すいせい》の飛来などによって、なにか凶事が予想されたときに災気《さいき》を払う（攘災《じょうさい》）ために、また治世者の代替《だいがわ》りにともなって世の中をあらためてもとの状態に戻し、物事を一新する目的などで行なわれた。鎌倉時代の有名な永仁の徳政令は、彗星をきっかけにして出された。正長年間の土民の広範囲の蜂起には、このころ天皇が称光天皇《しょうこうてんのう》から後花園《ごはなぞの》天皇《てんのう》に、将軍が足利義持《あしかがよしもち》から義教《よしのり》に替わったことが影響しているだろう。

このように、徳政は不吉な災気を払い、清新の気を迎え入れるために行なわれるものである。つまり一種の祓《はら》え、清《きよ》めである。そのことは、徳政一揆がしばしば質屋・酒屋をおそって借金証文を焼いたことにも現われている。証文を焼くことは、もちろん債務から解放されるため、証拠を消滅させるためである。しかし、それだけではなかった。焼くことには、その証文あるいは借用の事実を、この世からあの世へ送る、払うという意味、あるいは火によってケガレを清めるという意味があったとされる。

災気を払おうとする者、ケガレを清めようとする者は、当然災難に遭ったり、穢れたりすることが多くなる。徳政令の公布が衆徒の仕事であったのは、そのような理由によるだろう。

尋尊が「深き悪行」と表現した利息、これも一種の災気・ケガレであったのではなかろうか。学僧が戒律の書をひもとけば、利息をとることが必ずしも否定されているわけではないことを知っただろう。しかし、当時の民衆はもとより、尋尊クラスの僧であっても正確な戒律の知識とは無縁の次元でものごとを感じたり、考えたりして暮らしていた。一方ではすでにごく当たり前のこととして利息をとる経済社会があったが、同時に他方では利息は「戒律に背く」という、災いやケガレに対するのと同様の恐れの感覚も存在したのである。

利息そのものではないが、中世の人びとが借金を一種の病、災いと感じたのではないかという説がある。柳生《やぎゅう》の徳政碑がその根拠である。

正長元年ヨリサキ者、カンヘ四カンカウニヲヰメアルヘカラス

正長元年以降、春日社領の神戸《かんべ》四ヵ郷に「負い目」＝借金はないというこの有名な碑文は、神戸四ヵ郷の人びとが勝ち取った徳政の記念碑と捉えられてきた。しかし、おそらくそれだけではない。この碑文は、疱瘡地蔵《ほうそうじぞう》としてこの地域を恐ろしい疱瘡から守ってきた地蔵のかたわらに、地蔵が彫りこまれたのと同じ石に、刻まれたものである。この疱瘡地蔵の役割を考えるならば、徳政碑のべつの解釈が出てくる。つまり、この地の人びとは、借金を疱瘡と同じような悪い病、得体の知れない災いと感じていた。その病・災いから守ってもらおうとして疱瘡地蔵の脇に「負い目あるべからず」と彫ったのであると。

このような説は、まだまだ突飛なものに聞こえるかもしれない。しかし、すでに平安末期に宋から大量の銭が入ってきて物価を高騰させたとき、同時に流行して天下を悩ませた正体不明の病は「銭《ぜに》の病」とよばれていた。このように、銭と病とが結びつけて考えられていたとすれば、借金と病や災いが同一視されていた可能性は十分あると思う。私にはとても魅力的な説である。

かなり脱線したので、まとめよう。要するに、学侶・六方は、春日社や興福寺で行なわれる神事仏事に従事する清らかな僧として「悪事」（もろもろの災気やケガレなど）との接

触を避ける必要があった。それで、「悪事」に接触し場合によっては「悪事」の害をこうむる可能性のある仕事は、衆徒のものとされたのである。

しかしこのことは、衆徒が「悪事」の害をただひたすら黙って甘受する存在であったということではない。衆徒は「悪事」に対処する能力を持っていたのである。時代を少し遡ると、武士が鬼や妖怪を退治した話はいくつもある。これらは武士の武力を語ったものではは必ずしもない。武力というよりも、何か得体の知れない邪悪なものを克服する、武士の呪術的な力に焦点があるのである。

衆徒・衆中というと、従来その武力に目が向きがちであった。しかし、武力だけから衆中の奈良支配の在り方を説明することはむずかしい。武力に加えて、祓えや清めという呪術的な力をもっていたと考えると、この集団の奈良中に対する支配は把握しやすいと思う。

盗人の取り締まり

寺社の盗難

室町時代の奈良で起こった盗みの事件を『大乗院寺社雑事記』を通してみると、興福寺、春日社、東大寺などで起きたものが多い。これは、尋尊の耳にはいる事件が、どうしても寺社関係に偏るからであるが、そのうちのいくつかをみていこう。

寛正元年（一四六〇）もおしつまった一二月二八日の夜、興福寺寺中の東北の隅に位置する西発志院《にしはしいん》という子院《しいん》に盗人が二人はいった。しかし、どうやら仕事を終える前にみつかってしまったらしい。「両人打留《うちとど》めおわんぬ」とある。そしてその後の身柄の処置について はなにも触れられていないので、どうやら現場で打ち殺されてしまったらしい。犯人のうちひとりは古市の住人、もうひとりは符坂（油坂）の住人とわかり、衆中はそれぞれの家を破却した。

おそらく文明四年（一四七二）のことと思われるが、興福寺の東金堂に「落人乞食《おちゆうどこじき》」が盗みに入った。落人というからには、どこかの合戦で敗北し落ち延びてきた者であろう。もとは武士だったかもしれない。そのような者が奈良で乞食をして生きていたのである。都市は、そういう人にとってなんとか生き永らえる方法が見つかるかもしれない場所だったのだろう。この盗人は、鎌倉時代のはじめに仏師定慶《じようけい》のつくった維摩居士《ゆいまこじ》の坐像のある「浄名《じようみよう》の間《ま》の鎖《くさり》」を盗《と》った。しかし、みつかって捕まってしまい、文明四年一二月の中旬に、衆中沙汰衆によって鼻削《はなそ》ぎの刑に処せられ、奈良から追放された。

つぎに、春日社での事件をみてみよう。ここでは灯籠や、参籠中の刀の盗難などが多い。明応二年（一四九三）五月、春日社の西北三〇〇メートル《メートル》ほどのところにある同社の摂社水屋社《みずやしや》（水谷神社）の「金灯籠」が盗まれた。同九年四月には、本殿の唯識講御廊《ゆいしきこうのごろう》という廊の「仏具・灯籠」が盗まれた。この唯識講御廊の盗人は、本殿境内の榎本社の「師子（獅子）・小馬犬（狛犬）」も盗んだ者のようで、翌五月に捕まっている。京都の八幡の者だという伝聞を尋尊は記している。なお、その日の記事では、盗られた唯識講御廊の灯籠は

「金灯籠」となっている（明応九・五・二八）。灯籠が狙われるのは、灯籠に使われている金が目当てなのであろう。

明応四年正月二日の夜、春日社の八講屋《はっこうのや》に参籠していた楠葉新衛門《くすのはしんえもん》は「腰刀」を盗られた。正月早々、奈良中が探索されて盗人が逮捕された。この盗人は、一〇日に古市で頸《くび》を切られた。ちなみに、楠葉新衛門は、インドから渡ってきた貿易商で足利義満《あしかがよしみつ》とも交流のあった楠葉西忍《くすのはさいにん》の子供である。大乗院に仕え、越前（福井県）の戦国大名である朝倉氏のもとへも行っている。

文亀二年（一五〇二）八月には、春日社の西屋《にしのや》という参籠所に籠った人びとの下人の「腰刀」がことごとく盗られたという。参籠所では刀をはずしておくから、被害に遭いやすいのであろう。

東大寺での盗みをみよう。文明一六年（一四八四）六月、衆徒は所々の家に処罰に向かった。それらのなかに、東大寺郷の今小路郷の家があった。これは東大寺の堂家《どうけ》に仕える下部《しもべ》の家であった。この下部は、興福寺の僧が東大寺内に所有する竹藪の竹の子を、ここ二、三年盗み掘っていたのがバレて捕まっていた。

もちろん、こんなささやかな（？）盗難だけであったわけではない。明応六年一〇月には、東大寺の律院《りついん》である戒壇院の長老と従者一人が殺され、同院の「預物」が盗られるという事件があった。当時、寺院は、戦乱や火災に備えて大事な財産を避難させておく場所として上下の人びとに利用された。とくに、廉直《れんちょく》（正直）という定評のあった律僧の管理する律院は、格好の預け先、隠し先であった。おそらく、そういうことを全部承知の上で、この盗人は戒壇院に狙いをつけたのであろう。こう考えると、一人や二人による仕事ではなく、数人による押し込みかもしれない。

郷中の盗み

郷中での盗難をみてみよう。明応八年三月九日、寺林郷《てらばやしごう》の堂で盗人が殺害されたということを尋尊は記している。町なかの堂が処刑場となったとは考えにくいので、これは堂に盗みに入って、現場で殺されたという事件だろう。犯人は白毫寺《びゃくごうじ》の宿《しゅく》の者、すなわち被差別身分のもので、花売りだったという。被差別身分の花売りということから、ぎりぎりまで追い詰められた者の、やむにやまれぬ犯行だろうなどと思ってしまう。そうであれば、あわれな話である。

興福寺の僧に仕える源光《げんこう》という八十四、五歳の老人がいた。源光は紺屋《こうや》であった。その家に盗人が入り、何人かの客から預けられ源光が染めあげることになっていたさらし布を数十端《たん》、釜（藍《あい》がめ）のなかから盗っていった。塗籠《ぬりごめ》とよばれる納戸《なんど》のような部屋に置いていた布は無事で客に返されたが、盗まれた数十端の布については源光に責任があった。しかし、衆中は源光が高齢であることをあわれみ、被害に遭った客たちを衆中の集会所に集めて源光に有利な解決を図ってやっている（明応八・四・八）。

文明一一年六月一一日に、中院郷で盗人が捕まった。残念ながら、どこでなにを盗んだのかは記されていない。したがって、郷中の盗難の事例とは断定できないが、一応そう考えておく。この盗人は、一〇日間ほど古市の牢に入れられていたが、「山城辺の侍」という侍身分の者だったせいであろう、興福寺の唐院《とういん》の坊主が赦免を申請し、それにしたがって釈放された。尋尊は、この赦免に関して、「寺住《じじゅう》の衆徒、評定に及ばざるものなり」（文明一一・六・二二）と、古市氏の独断を非難している。

つぎも郷中での盗難とは断定できないが、ここでみておこう。文明一八年正月二六日に二、三軒の家に対して衆中の進発（処罰）があった。そのうちの一軒は、女盗人を泊めていた「寄宿の罪科」によるものであった。女盗人自身は、耳と鼻を切られた。四歳になる子供の母親であり、もってのほかの「悪行人」であるという伝聞を尋尊は記している。そのあとで、尋尊は「末代の事なり」と感想を述べている。幼い「子持ちの女人」が悪行を働くなどというのは、尋尊の想像の外の出来事だったのだろうか。

盗人検断

さて、「寺門・奈良中の盗人以下の検断《けんだん》のこと、衆徒のうち器用の輩二十人分、寺務よりこれを仰せ付け、毎事検断のこと、これを成敗す」（延徳二・一二後付）、あるいは「盗人においては、一円衆中よりその沙汰を致すべきことなり」（寛正五・八・一八）といわれている。検断とは、警察あるいは検察の活動のことであるが、奈良では興福寺の衆中が、個々の領主権を超えて、盗みに対処した。

その対処には二種類の対象があった。ひとつは、盗人そのもの、盗人の身柄である。現場で現行犯でただちに打ち殺された者は別として、衆中は盗人を原則として死刑に処した。さきにみた事例のなかには鼻削ぎ・耳削ぎの例があったが、これらは犯人が乞食や女性（母親？）であったことによる特例であろう。また、解放してしまった例があったが、これも特別である。

もうひとつの対象は、盗人が住んでいた家である。その家は、尋尊の時代には破却されるのが例である。破却すなわち解体されて、その材木が没収されるのである。ただし、衆中は、大乗院郷と一乗院郷では家に対する権限を持たず、各門跡が家の処分を行なった。門跡郷では衆中は盗人の身柄に対してのみ権限を持ったのである。

では、どうして衆中は奈良中の盗み、とくに盗人の身柄に対して権限を持ったのであろうか。そのことを簡単に考えてみよう。

衆中が奈良中の盗みを管轄したと、いま言ったばかりであるが、じつは衆中以外の集団が盗みの取り締まり権を主張し、実行している例が少数ではあるが存在するのである。その集団とは、東院と懐秀の借物争いの一件のときに登場した講衆、および六方である。

文明一〇年四月、講衆は衆中の弱体化に乗じて、春日社、僧坊、院家における盗みは自分たちが沙汰すると主張した（文明一〇・四・二七）。翌五月には実際に沙汰をしたようである（文明一〇・五・一二）。また、明応五年一二月には、登大路に住む檜皮葺《ひわだぶ》き（屋根葺き職人）の子供が盗人として逮捕された。このとき、六方が登大路の檜皮葺きの家に向かい、これを処分した。

このように、講衆や六方が盗みの処断に関わることが何例か見られる。しかし、これは新しい事態であり、あってはならないことだった。このようなとき、尋尊の態度は一貫して批判的である。文明一〇年のときには、「希有のことなり」と講衆を批判し、さきに「正体なし」と零落ぶりを酷評していたにもかかわらず、「衆中の所存、かつがつ如何《いかん》」と、まるで衆中の奮起を期待するかのようなことを書き付けている。明応五年のときにも、「盗人検断、一向昔代《せきだい》の衆中の如く学道自専《じせん》。もっとも然るべからざることなり」と、学道の盗人検断への関わりを非難している。

なぜ講衆や六方の学道は、盗人に関わることを非とされたのであろうか。尋尊は「いけないことだ」と繰り返し言うだけで、その理由についてはほとんど触れていない。「法中の検断、道理に背くか」（長享一・七・二四）とか、「法体《ほったい》学道の身においては、一向本意に背くものなり」（文明一七・一〇・二）と書いているところが目に付く程度である。僧の検断は道理に背く、本意に背くというのである。これでは簡単すぎて意味がつかめないが、盗みが当時どのようなものとして考えられていたのか、盗みの罪としての性質を押さえると了解できるような気がする。

盗みの性格

盗みは、現在ではあまり重い罪とは感じられていないだろう。万引きは書店やコンビニエンス・ストアで日常的に起きているが、それは犯罪というより親や教育者の守備範囲とされている。また今日では竹藪の竹の子がなくなっても、警察は捜査を開始してくれないだろう。その程度の「微罪」では警察が動かないのは当たり前だとわれわれも考えている。

しかし、中世ではそうではなかった。一六世紀に日本に来たキリスト教の宣教師たちは、日本ではごくわずかな額の盗みでも死刑に行なわれること、日本人が盗みを非常に憎んでいることを報告している。奈良や大和でも盗みは重罪であり、盗みにこそ警察権は迅速に対応した。

文明二年六月に春日社の神人や興福寺の下部たちが喧嘩をした。喧嘩した者のなかに大乗院郷に家を持つ者がいた。その関係で衆中が大乗院郷に使者を入れようとしたのであろう、尋尊は「盗人以下の重科《じゅうか》」なら仕方がないが、喧嘩程度では使者の立ち入りは認められないと言い、盗みを明確に重科と記している。

奈良の西南に辰市《たついち》という集落があった。ここでは、「盗人・女盗人の外は、刃傷・殺害人の検断これなきの由、地下《じげ》の掟法なり」（文明一五・七・一九）と言われている。現代の感覚ではにわかに信じがたいことであるが、傷害事件や殺人事件に対しては警察権は発動されないのが村の掟だというのである。しかし、盗みに対しては発動される。傷害や殺人以上に、盗みは重要視されているのである。

こういうことは、辰市だけのことではなかった。大乗院末寺の平等寺《びょうどうじ》（現桜井市・廃寺）でも同様であった。山内で殺人事件が起きても寺当局はしかるべき対応をとらなかったので、平等寺は延徳二年（一四九〇）閏八月に本寺の門跡である尋尊に叱責《しっせき》されている。弁明のために平等寺から奈良に派遣された使者は、これからは「惣山として盗人の検断の如くその沙汰致す」と誓約させられている。この言葉から、盗みの場合にはきちんと検断が行なわれていたことがわかる。

このように、奈良以外の多くの地では傷害や殺人に対しては検断が行なわれず、盗みに対しては律儀に行なわれていたのである。盗みには、検断を行なわなければならない特別な理由があるのである。

最近の研究は、中世の人びとは、犯罪をケガレ、災気の発生として捉えたということを明らかにしている。そして、犯罪のなかでも盗みのもたらすケガレ、災気がもっとも甚だしいものだったということも指摘している。大和の中世の人びとは、傷害や殺人によってもたらされたケガレや災気以上に、盗みによって生じたケガレ、災気を忌み嫌ったのである。盗みがもたらしたケガレ・災気こそ、ただちに清められ払われなければならなかったのである。それは、たちのよくない神々の祟《たた》りのように、不吉なものであった。

犯罪をケガレや災気の発生として捉えるためのひとつのヒントになったのが、さきに見たような、盗人の住んでいた家を破却する対処方法である。これは、犯人の住んでいた家を解体してその材木を没収するものなので、一見財産刑にみえるかもしれないが、そうではない。なぜなら、破却される家は、盗人の所有する家とは限らないからである。耳削ぎ・鼻削ぎの刑に処せられたさきの女盗人の場合のように、たまたま盗人が寄宿《きしゅく》していたにすぎない第三者の家が「寄宿《きしゅく》の科《とが》」によって破却されたことは珍しいことではない。そして、尋尊の時代には破却がふつうになっていたが、これは焼却が本来の在り方だった。焼却することによって、盗人によってもたらされた罪のケガレが清められ、災気が払われたのである。

盗みがそのような性質のものであったとすれば、「法中の検断、道理に背くか」「法体学道の身においては、一向本意に背くものなり」という尋尊の文の意味も捉えることができるだろう。要するに彼は、「盗人や検断に関わることは、けがらわしいことである。そんなことは、まっとうな僧のやるべきことではない。衆中にやらせておけばよい」と言っているのである。災気を払い、ケガレを清めるのは、衆徒・衆中の仕事だったのである。

学侶・六方が鎌倉末期に本来の衆徒集団から上昇・分離したとき、それは場合によってはけがらわしい俗事にも従事しなければならない集団からの離脱をひとつの目的としていた。学侶・六方は、嫌な仕事を置き去りにして、それを衆徒として残された下級の僧におしつけてきたはずである。ところが、集団の分裂から一世紀以上たち、社会の在り方も、人びとのものの感じ方・考え方も少し変化してくると、学侶・六方は講衆という下臈集団を通じて、自分たちがかつて嫌って捨てたはずの仕事・権限の獲得に乗り出してきたのである。講衆が借物の紛争に容喙《ようかい》し、寺中や社頭などの検断権を主張するのは、このような文脈のなかで把握できる。

博打の取り締まり

まずいくつかの事件についてみてみよう。

自類異類会合

「東南院の御前において」と尋尊が記しているので、東大寺の東南院の院主も加わっていたのであろうか、衆中は、坊官の永深寺主《えいしんじしゅ》と学侶の宰相公《さいしょうのきみ》という僧、それに力者《りきしゃ》をひとり、博打の罪で処罰している（康正三・三・一九）。永深の処罰とともに彼の中間《ちゅうげん》の家が破却されている。このように、ある程度の身分のある僧の処罰にともなって、あるいは僧の処罰のかわりに、その従者の家が検断されることがしばしばみられる。これはなぜだかよくわからないが、この例から衆中の博打検断権が東大寺寺中に及んだことが知られる。

博打は、もちろん奈良の郷民にも浸透していた。文明七年（一四七五）四月に起こった鵲郷《かささぎごう》の皮屋（皮革業者）と塔本郷《とうのもとごう》の鍛冶屋《かじや》の喧嘩は、博打が原因であった。鵲郷も塔本郷も大乗院郷である。

一乗院郷にも衆中の権限は及んだ。文明一九年七月には、一乗院郷の北市郷に住む同院の力者四人が罪科されている。「会所《かいしょ》の屋一間はすなわちこれに進発おわんぬ。三間は代物《だいもつ》を成しおわんぬ」とあるので、会場となった力者の家は破却され、残りの三人の家は罰金か何か代わりのものを差し出して破却を許された。

明応三年（一四九四）二月五日、棟梁の古市澄胤の命令によって衆中の集会がにわかに催された。博打場《ばくちば》に不意打ちを食わせるためである。対象は高天郷《たかまごう》、西御門郷、城土郷、川上郷、梅殿郷《うめどののごう》、城土出垣内郷《じようどでがいとごう》、角振郷、紀寺郷、中院郷、花園郷であった。これらの郷々は、寺門郷、一乗院郷、大乗院郷にわたっている。最後に書かれた花園郷では乞食の家が焼却された。前々日、花園郷の乞食三、四人が博打のことで地下人（奈良の郷民か）と喧嘩になり、二、三人を殺害していたのである。「にわかに進発の間、おのおの一向に存ぜず、財宝ことごとくもって失いおわんぬ」と尋尊は記している。奇襲だったので、「財宝」を持ち出すひまもなく全部焼かれてしまったというのである。ここでいう「財宝」とは、博打で巻き上げたもののことだろう。

博打がさかんになると、それなりの対策が採られたこともあった。一種の連帯責任制、相互監視制である。博打の会場となった家、したがって衆中の進発の対象となった家の左右の家と、向かい側の家二軒に衆中の使いを付ける（＝罰金を取る）という方法である。延徳四年（一四九二）四月に、椿井郷の材木屋が博打のかどで検断されたとき、向かいの家の絵師で大乗院に仕える太郎左衛門《たろうざえもん》と東北院の中間《ちゅうげん》とが大乗院にとりなしを頼んでいる。このような「掟法」を、尋尊は「にわかの事なり。諸人迷惑」と評している。

尋尊は官符棟梁である古市澄胤が採用した新しい取り締まり方法に冷ややかなのだが、それは当然かもしれない。じつは澄胤自身が、博打狂いなのである。

古市、夜前より発心院《ほっしんいん》に居《お》ると云々。今日に至るまで大博奕これあり。その数、修学《しゅがく》の者ども、中綱《ちゅうごう》、ならびに地下の者どもなり。古市負けおわんぬ。西《にし》、同じく罷り上り、その数に加わると云々。（略）言詞に述べ難し。（文明一三・正・二六）

発心院は、澄胤が古市氏の家督を継承するまで、叔父のもとで学僧として修行した興福寺の院坊である。そのかつての古巣に、興福寺の学侶、下級の職員、それに郷民たちを集めて賭場を開いているのである。澄胤の兄である古市西胤栄も奈良にやってきて仲間に加わったという。その挙げ句に古市は負けた。尋尊は、あきれはてている。

このような博打好きが奈良中の博打を取り締まる衆中の棟梁なのであるから、このころ奈良では博打が大流行した。学侶、六方、春日社の神主たちが昼夜博打にふけり、五〇貫文、一〇〇貫文と大負けする者があったという。さらに、棟梁の古市兄弟が「張本」人であるので、寺住の衆徒のなかには博打の会場を提供するものさえいると尋尊は嘆いている。「自類異類会合し、魚鳥などこれを食う」僧坊として、つまりさまざまな身分の者が一堂に集まり、魚や鳥肉を頬張りながら博打に狂うとんでもない僧坊の代表として、恵心房《えしんぼう》なる坊があげられている（長享二・九・八）。尋尊は古市澄胤の行状がよほど頭にきたのであろう、興福寺の「白大衆」（不詳。講衆の実力部隊か）が、天地を揺るがすばかりに法螺貝《ほらがい》を吹き、中院郷を東に、鵲郷を南に通って古市の征伐に向かった夢を見ている（長享二・九・一二）。

盗みのもと

さて、このころの奈良では実際にはほとんど野放しだったともいえるが、博打はなぜ禁止されたのだろうか。

文献史料のなかにこの問いへの答えを探すと、時代や地域を問わず、ほとんど同じことがでてくる。負けた者が盗みに走るから、というのである。大乗院が明応八年（一四九九）に末寺である長谷寺に遣わした制札には、博打禁止の理由がつぎのように書かれている。

当座の勝負により、あるいは諍論におよび、あるいは喧嘩・刃傷の意恨《いこん》を結ぶものか。あまつさえ強窃《ごうせつ》二盗《にとう》の根源なり。（明応八・三・一一）

ここではもう少し理由が多い。争論になり、喧嘩や刃傷沙汰のもとになるということが盛り込まれているが、やはり強盗・窃盗のもとであるということが最大の理由であろう。江戸時代初頭、京都所司代の板倉氏が制定した板倉氏新式目ではちょっと違っていて、博打で人の物をとろうと思う心自体が盗賊にほかならないとして、博打＝盗みとしているが、このような考えは例外的であろう。

何をみてもまるで判で押したように、盗みのもとになるから博打はいけないと言われると、つい屁理屈をこねたくなる。つまり、盗みをしなければ、博打はやってもいいのかと。こんなことをいえば、そんな博打はありえないのだという反論がただちに帰ってくるだろう。しかし、盗みと切り離しても、博打禁止の理由は考えられる。いなむしろ、そこにこそ禁止の本来の理由があると思われる。

神意

室町幕府六代将軍の足利義教が、クジ引きで将軍の位についたことは有名な話である。鎌倉時代、北条泰時は、土御門天皇《つちみかどてんのう》の子（後嵯峨天皇《ごさがてんのう》）を天皇に擁立したいと考えていたが、クジの結果がそう出るまでは行動に移せなかった（『五大帝王物語』）。中世では、クジ引きで将軍や天皇になる者が決まったのである。今日の感覚でいえば、なんといい加減な、あるいはなんとお手軽なと感じられるかもしれない。しかし、クジで決めることは、中世ではいい加減でも軽々しいことでもなかった。泰時が、「神明《しんめい》の御はからいに任すべし」としてクジをとったように、クジの結果は神の意志であった。

今日のわれわれがクジの結果を偶然や確率の問題として考えるのとはちがい、中世ではクジ引きの場に神の来臨があり、その結果は神意だった。おそらく、博打の禁止はこのことと関係があるだろう。サイコロなどの目は、偶然そうなったのではなく、神の意志がそこに働いていた。博打場には神が降りて来ていた。

最古の職人歌合《しょくにんうたあわせ》である東北院職人歌合では、博打打《ばくちう》ちは年老いた巫女とペアになっている（図18参照）。巫女は、さまざまな形で神に奉仕し、神を降ろし、神のお告げをこの世に伝達した存在である。職人歌合でペアとなっている者は、その仕事や機能が互いによ

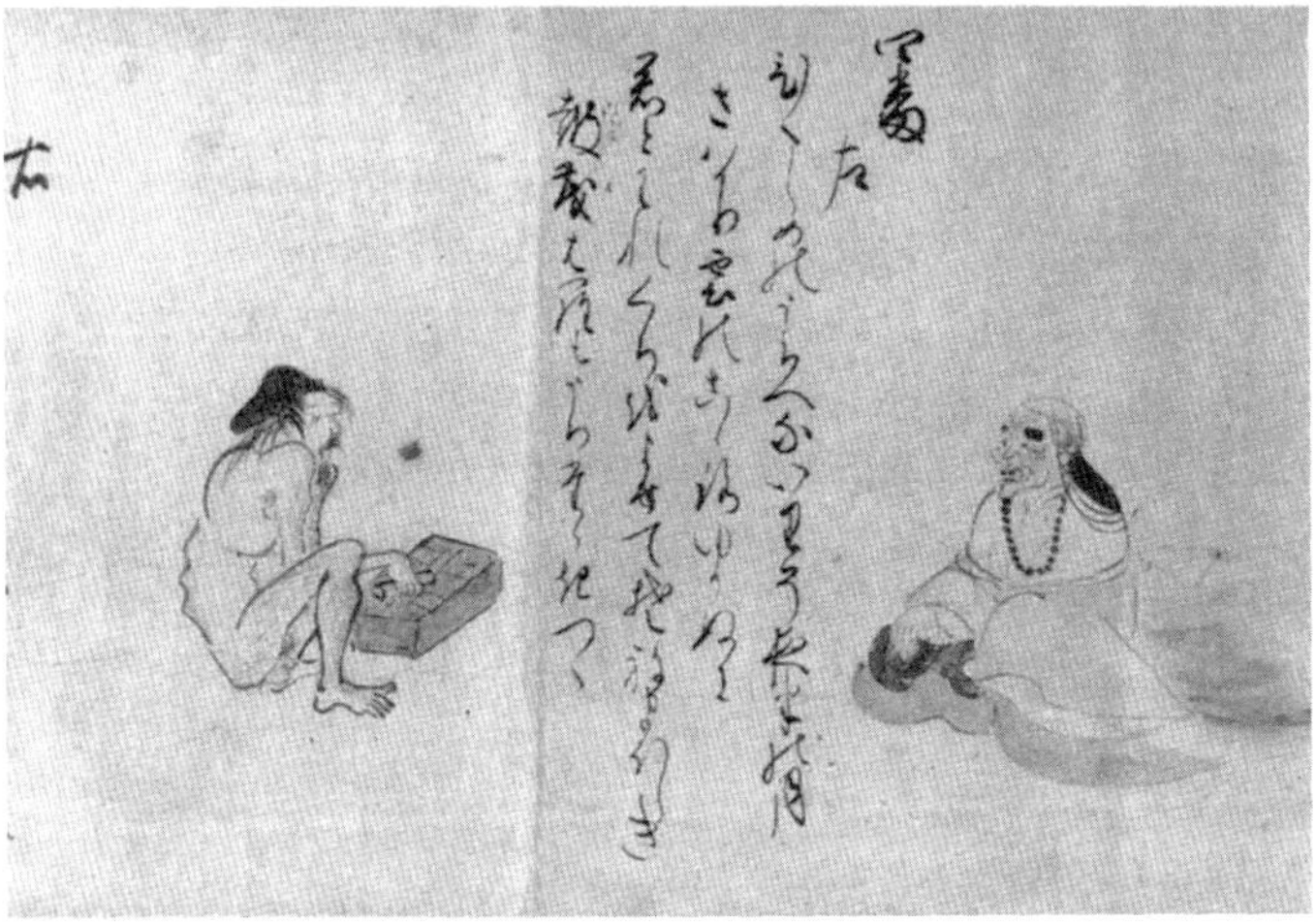

図18　博打打ち（右側は巫女．『東北院職人歌合』東京国立博物館蔵）

く似ているもの同士であるが、博打打ちもまた神降ろしをする者だったのである。

　鎌倉中期の文永九年（一二七二）三月、興福寺の別当は、春日社の神人《じにん》たちが近日博打にふけり、住宅を賭けて困窮する者や、衣装を取られて出仕できない者がいるとして、後嵯峨法皇の四九日以後に処罰せよと、若宮神主らに命じている。その御教書《みぎょうしょ》のなかで、博打の一種である「四一半《しいちはん》」のことにおいては、氏《うじ》よりなおもって重科、いわんや神の怒りにおいてをや」ということが述べられている。四一半はサイコロを使う博打といわれているが、「氏」（春日社の氏《うじ》人《びと》集団のことを指すか）から重い罪に問われるだけでなく、神の怒りを招くというのである（『鎌倉遺文』一〇九八九）。これは、たんに神人の不行跡を神がお怒りになるということではなく、何度も何度もサイコロを投げて神意をもて遊ぶことに対する怒りと解釈することができよう。

神降ろし

神降ろしは、おごそかな仕事、場合によっては不吉な行為であり、誰が、どこでやってもよいというものではなかった。

中世の人びとのものの感じ方、考え方をよく示すものとして、好んで取り上げられるものに起請文《きしようもん》という文書がある。これは簡単にいえば、誓約書である。文書の前半で誓約する事柄を述べ、後半ではもし誓約に違反した場合は神仏の罰を受けるべきであるという、自分を呪咀《じゆそ》する文句を書く。多くの場合、これを神前で焼いて灰にし、水にまぜて飲んだという。神仏の存在を信じた中世の人びとの誓約は、これで完璧になったのである。

この起請文は、神降ろしをして行なわれるものである。

南北朝時代の暦応《りやくおう》二年（一三三九）三月、奈良の住人と思われる「さねひろ」という者が、南朝方ではないかという嫌疑をかけられた。これに対して「さねひろ」は、日本国の大小の「神々」、とくに大仏八幡、賀茂、春日、稲荷、祇園、八幡、それに東大寺二月堂観音を「おろしたてまつ」って、自分は南朝方の軍勢に捕まっていたのだと主張し、もしそれが偽りであれば、「おろしたてまつ」った「神々」の罰を受け、「無間《むけん》の底に沈みはて候て、今生《こんじょう》後生《ごしょう》虚《むな》しくなりはて」るべきだと起請文に書いている（『大日本史料』六－五、暦応二年雑載）。このうえなく恐ろしい罰を受けてもかまわないと宣誓している以上、前半部の主張は信用できるものだったのである。

このように起請文は、容疑者や証人などから真実を引き出すために、有効な方法であったが、神降ろしをともなったので、誰がつかさどってもよいというものではなかった。つぎの例をみてみよう。

興福寺の六方が支配する奈良の新市（中市。率川社《いさかわしゃ》付近）に所属する布座《ぬのざ》と小物座《こものざ》が木《も》綿《めん》の販売権をめぐって争ったことがある。六方はいったん小物座の言い分に理があるという判決を下すが、その後布座は判決に従わずに木綿の販売を強行した。やがて六方は、布座に味方する者と小物座に味方する者とに分裂して混乱した。そこで、神の意志を仰ぐことになり、奈良の南の端の福寺《ふくでら》で湯起請《ゆぎしょう》を行ない、その結果を六方が「検知」するという運びになった。湯起請は神判の一種で、要するに盟神探湯《くがたち》である。まず自己の主張を起請文に認める。つぎに熱湯のなかから小石をつかみ出して所定の位置に置く。途中でその石を落としたり、一定の時間内に手や腕に異変（火傷）があらわれたりしたら、その者の宣誓内容が偽りで神の承認が得られなかったのである。

六方がこの湯起請を行なうことに対して、尋尊はつぎのように述べている。

希代の不思議のことなり。湯起請等のこと、衆中としてその沙汰を致す。六方・学侶の輩《ともがら》、かくの如きのこと、これなし。寺門滅亡の表相《ひょうそう》なり。（応仁二・一〇・一九）

六方が湯起請を行なうのは、まったく思いもしないことである。湯起請などは衆中がやることである。六方や学侶がこんなことをするものではない。興福寺滅亡のしるしである、とまで尋尊は嘆いている。

神降ろしは、神聖であると同時に不吉なことなのである。まっとうな僧のするべきことではなかった。右の一件では、湯起請は奈良の南の端の福寺で行なわれることになったが、このことも神降ろしの危うさを物語っているだろう。奈良の真ん中で行なうことは憚《はばか》られた。奈良の北の端の般若寺《はんにゃじ》で行なわれたこともある（明応七・五・一九）。湯起請は必ず福寺と般若寺で行なわれるとまでは言えないが、わざわざ奈良の南北の端まで出掛けて行なわれることの意味を見逃すべきではない。

まとめてみると、衆中が奈良中の博打検断権をもっているのは、博打が神と交差する危うい側面をもっていたからである。博打の取り締まりを、祓えや清めとまったく同じと言い切ることはもちろん躊躇されるが、それらにたいへんよく似た側面を持った仕事だった。そしてそれは、学侶・六方が忌避すべきものであったから、衆中の権限となっていたのである。

酒屋支配権

衆中は奈良中の酒屋の支配権も持っていた。しかし、残念ながら『大乗院寺社雑事記』にはこの問題を考える手がかりはほとんどないので、ここでごく簡単にみておきたい。

長享二年（一四八八）三月晦日、奈良中の酒屋に対して壺銭《つぼせん》（酒壺単位に懸ける銭）が衆中から賦課された。これについて、尋尊は、「厳密の下知」すなわちこれが本来のやり方であるとして評価している。彼によると、三、四十年前の宝徳・享徳ころまでは沙汰衆として水坊《みずのぼう》氏《し》や中坊《なかのぼう》氏《し》がとりしきり、衆中から壺銭が賦課されていた。しかし、筒井氏、ついで古市氏の時代になると賦課の仕方が乱れ、賦課に応じない者がでてき、また学侶が壺銭を懸けるようになったのであった。

さらに学侶は、「衆中集会に壺銭のこと、自専先規あるべからず」と、衆中の壺銭賦課は先例がないと主張し出した。この主張に対して尋尊は、

学侶の申し状、先例を知らざるか。学侶として壺銭のことを相い催すこと、近来のこ

とか。

と書いている。本来壺銭の賦課権は衆中にある、学侶の行為こそ新儀であるという。宝徳・享徳からまもない長禄二年（一四五八）一一月に、衆中から南都七郷や大乗院郷に壺銭が懸けられていることが確認できるので、尋尊の記述は信頼できる。

それだけではなく、衆中は酒の値段が高すぎるとして郷々に使いを付けており（寛正四・一一・二）、課税権だけではなく、もう少し広い権限を持っていた。ここでは一応、支配権といっておく。

そして酒屋支配においても、本来の衆中の権限を学侶（おそらく講衆を通じて）が侵犯しはじめていることがわかる。衆中の持つ諸権限を下剋上の結果と捉えるのが誤りであることは明らかであろう。

では、どうして、衆中が奈良中の酒屋の支配権をもったのであろうか。

この点については、尋尊はまったくなにも語っていない。したがって、想像するしかないのであるが、酒の醸造に神が深く関わると考えられていたからか、あるいは酒のアルコールの作用が神と関連づけられたからであろう。簡単にいえば、酒は神秘的な飲み物だったから衆中の管轄とされたと思われる。

室町時代になると、酒はかなり日常的な飲み物になってしまっている。しかし、前代には、酒はまだまだ特別な場で、特別な機会に飲むものであった。もともと祭りの場で、つまり神との交流の場で飲む物であったことにも関わるかもしれない。

衆徒と地下の堂——おわりに

進出の拠点

衆徒・衆中が奈良中に対してもった支配権は、彼らの祓えや清めといった呪術的な機能・役割による、あるいは、神に関わる不吉で危うい仕事が学侶・六方によって避けられるべきものだったことによる、ということをみてきた。これは、興福寺の中での話しである。東大寺に対しても同じ方向で考えてよいのか、つまり、東大寺の僧たちもまた神と接するような不吉で危うい仕事、祓えや清めといった仕事を忌避し、東大寺郷への衆中の介入を許したと考えてよいのか、という問題が残されている。この問題を含めて、完全に捉えきったとはまだまだいえないが、衆中の奈良中に対する支配権を武力でもって説明したり、下剋上《げこくじょう》の風潮のなかに位置づけたりすることが一面的にすぎることは、指摘できたと思う。

さて、ここまでみてきた衆徒の権限や活動は、もとから彼らのものとして認められていたものだが、他の国であれば戦国大名をめざして成長するはずの衆徒たちが、定められた権限内におとなしく安住しているはずはなかった。在地ではそれぞれの勢力範囲に一反あたり二〇〇文や三〇〇文の私反銭《したんせん》を懸け、用銭《ようせん》・用米《ようまい》を徴収し、寺社の神事や法会用の年貢を横領していた。そして、奈良においてもいくつかの新しい動きを始めている。

尋尊は、文安・寛正（一四四四〜六六）以来、筒井氏や古市氏によって奈良で行なわれてきた「新儀狼藉《しんぎろうぜき》の条々」として、以下のことをあげている。

奈良中の郷々に用銭をかける。

春日社の神事を勤める郷々に有徳銭《うとくせん》・相撲銭《すもうせん》をかける。

憑支《たのもし》を強引にとる。

人夫・伝馬《てんま》を懸けて従軍させる。　（延徳二・一二後付）

これによって、奈良の人びとが一五世紀後半にあらたな収奪に直面したことがうかがわれる。筒井氏や古市氏は、衆中の棟梁という地位に就くことを通じて、奈良を自己の所領のように扱い始めているのである。

衆徒のこのような奈良への進出の際、足掛かりとされたのが、さきにみた地下の堂であった。郷民のより集《つど》う堂に、衆徒も目をつけたのである。いままで何度か登場した古市澄胤にそってみておこう。

澄胤が古市氏の家督を継いだのは、文明七年七月のことである。翌八年の筒井順永の死、九年の畠山義就の河内下向《げこう》によって、奈良の支配者は澄胤をおいてほかにないという状況になっていた。官符棟梁に古市氏が就任しないのであれば、「奈良中のことは、毎事正体あるべからざることとなり。返す返す世上のさま、あぶなし。心もとなし」（文明九・一〇・一七）と尋尊は述べている。しかし、このとき、現在の天理市豊田町に本拠を持った豊田《とよだ》氏《し》、現生駒市高山町によった鷹山氏《たかやまし》なども官符棟梁の地位を望んでいた。彼らはおそらく集団指導体制をめざしたと思われるが、澄胤は独裁を狙い、「古市一人、その沙汰を致さば請け取るべし」と、官符棟梁の地位独占を就任の条件としている。

こうして、豊田氏、鷹山氏などを閉め出して、文明一〇年正月、澄胤は官符棟梁に就任した。一六日に衆徒蜂起《しゅとほうきはじ》始め、二一日に衆中春日講《しゅんにちこう》を行ない、二五日からは春日社で七日間の参籠にはいった。それと同時に、澄胤は奈良中に壺銭と郷銭《ごうせん》を賦課している。このとき、鵲郷《かささぎごう》の地蔵堂において壺銭・郷銭の徴収が行なわれたのである。

翌文明一一年八月一九日、澄胤は奈良中の所々で行なわれている憑支のひと口分の当選金をとった。この憑支の当選金収納も鵲郷の地蔵堂で行なわれた。尋尊は、毎月郷銭を取って昼夜奈良中を悩ましているのに、さらにこのようなことを行なうとは何事かと非難している。

文明一二年五月、澄胤は「腹の所労《しょろう》（病気）」が重いので、立願《りゅうがん》を行なった。以下のことと引き替えに神仏に回復を祈ったのである。

奈良中の堂の憑支を取らないこと。

相撲銭を懸けないこと。

奈良中に人夫を懸けないこと。

中世の人びとが行なった立願とは、要するに神仏との取引である。神仏の守護を引き出すためには、何かを神仏に差し上げる必要がある。澄胤は、奈良の人びとの負担を減らすという形のお供え物を整えたわけであるが、それが神への供物となり得たのは、奈良中の堂の憑支をとること、相撲銭を懸けること、そして人夫役を懸けることが、少なくとも澄胤にとっては神仏に恥じるような不正な行為ではなかったことを意味していよう。不正な行為なら、それをやめますというのは当たり前のことで、それでもって神仏の特別の加護を得ることはむずかしいだろう。そうではなく、澄胤は、自分の権利や当然の収入を放棄したのである。言いかえると、奈良中の堂の憑支をとること、相撲銭を懸けること、そして人夫役を懸けることは、このころ官符棟梁の合法的な権限になっていたのである。

奈良中の憑支を取るのは、筒井順永のときからはじまったという（『大乗院寺社雑事記』一一一一七八）。尋尊の非難にもかかわらず、長年の事実の積み重ねによって、澄胤のころには珍しいことではなくなっていたようである。

以上、古市澄胤の官符棟梁就任後一、二年の動向を追うことによって、尋尊が文安・寛正以来の新儀狼藉としてあげたことが事実であったことがあとづけられただろう。それと同時に、地下の堂が官符棟梁の奈良支配にとって重要な意味を持っていたのではないかということも見えてきた。憑支が行なわれているのは堂であるし、澄胤が壺銭や憑支を収めたのは鵲郷の地蔵堂においてであった。

町会所へ

こうしてあらためて堂をみなおしてみると、堂のまた別の側面がみえてくるような気がする。

永正三年（一五〇六）一〇月、赤沢朝経（沢蔵軒宗益《たくぞうけんそうえき》）は大和国内を転々として、国規模で一揆を結んだ大和の国衆《くにしゅ》と戦っていた。一〇月一四日、宗益は使いの僧二人を奈良に送り、つぎのようなことを行なった。

南北郷の堂にて奈良中の地下人本主を注されおわんぬ。両沙汰衆罷り出で、これを注しおわんぬ。

これは、おそらく平野部平定後に都市奈良を支配するための下調べであろう。解釈が大変むずかしいところがあるが、試案を示しておこう。

まず、「南北郷の堂」をどう解釈するかである。ひとつの解釈は、奈良は三条通りを境に南郷と北郷に分かれたので、南北郷の堂を、南郷の堂と北郷の堂と考えるものである。つまり、三条通りより南に南郷全体を代表するような堂がひとつ、三条通りより北に北郷全体を代表するような堂がひとつできていて、そこが会場となったとする考えである。

ふたつめの解釈は、南北郷とは奈良中の郷ということであり、したがって奈良中の郷々の堂がそれぞれ会場となったと考えるものである。

どちらが正しいだろうか。宗益からの使いの僧が二人、衆中からの沙汰衆も二人であるから、会場となった場所も二ヵ所だった、つまり南郷の堂と北郷の堂というものが奈良の南北に形成されていたと考えることは可能であると思う。踊りが南北別に整然と行なわれた時代である。しかし、では実際その惣堂のようなものがどこにあったのかというと、まったく痕跡もなく、想像もつかない。したがって、ここでは、奈良中の各郷の堂で行なわれたと考えておきたい。

第二に、「地下人本主」である。地下人は奈良の郷民であろう。そのつぎの「本主」が問題である。地下人と本主というように並列しても読めるが、それでは意味が通じない。したがって、ここは地下人の本主と読むべきだろう。本主はふつうもとの持ち主、もとの主人、あるいは仮の主人に対して本当の主人のことである。奈良の郷民の過去の主人を調べても意味はないだろうから、これは現在の主人のことであろう。そうだとすると、このころ、奈良の郷民は主人持ちであったということになる。もともと奈良の住民はみな寺社の被官であるといわれる。すると、これは、個々の郷民がどこの寺社に所属するのかを調べているのだろうか。それとも、奈良の郷民は前代とは別の、たとえば衆徒などの国人を主人と仰ぐようになっていて、それが問題とされていたのだろうか。私には、その可能性が高いように思われる。

第三に、そしてここがポイントであるが、そういう調査を、奈良の地下人を堂に呼び出して行なったのか、それとも堂に郷の地下人の身上《しんじょう》に関するなんらかの資料が備えられていてそれが利用されたのか、という問題である。史料の記述が簡単なので、あまり踏み込んで解釈するべきではないと思うが、衆中から両沙汰衆が出ていって、何らかの資料を下敷きにしてさっさと作業を終えたような印象をうける。もしそうだとすると、地下の堂は、一六世紀にすでに衆中によって郷民の支配機構として利用されていた可能性がでてくるのである。

地下の堂は、江戸時代には町会所《まちかいしょ》となる。町会所は、町の自治・運営の拠点であると同時に、幕府や奉行所からの命令や伝達が町人に対してなされる場でもあった。このような町会所の両面的な性格は、地下の堂をめぐる一五、六世紀の衆徒と郷民の対抗関係のなかで、すでに形成されていたのかもしれない。

あとがき

九州は通過儀礼で、一、二度やると、つぎへ行ける。大和は一度深みにはまると、なかなか抜け出せない。君もはやく足を洗ったほうがいいよ。

もう二〇年以上も前のことだが、親しい先輩からこういわれた。

私が大学の学部学生のころ、文学部の国史学専修課程で中世史を専攻した者は、卒業論文のテーマとしてどこかひとつの荘園をとりあげ、その荘園の成立や構造などを解明するということが多かった。とくに九州地方にあった荘園の史料は豊富に残っており、また比較的読みやすい形になっていたので、人気が高かった。中世といえば武士の時代であるので、武家文書を使って九州の荘園をやる、これが中世史の卒論の、いわばもっともまともな型であった。

奈良県生まれだからというわけではないが、私は大和の荘園を選び、お寺の文書を使って卒論を書いた。その後大学院に進み、修士論文はふたたび大和をフィールドとしたものになった。さきの先輩は、卒論では九州の荘園をとりあげられたが、その後は九州という地方や荘園ということにとらわれることなく、幅広い研究をしておられた。それで、いつまでも大和という一地方にこだわり続ける私のことを心配し、この先輩一流の言い方で忠告して下さったのである。

「そんなこと、言ったかな」ととぼけられるに決まっているが、もう少し食い下がってみたい。小学館の『日本国語大辞典』によると「足を洗う」とは、「悪事や、いやしい職業の世界から抜け出ること」とある。もちろん、先輩が大和の研究を「悪事や、いやしい」こととみておられた、とまでいうつもりはない。しかし、いつまで「そんなところ」ばかりやってるんだ、という気分でおられたことは確かであろう。

大和は「そんなところ」だったのである。いまではすっかり研究状況が変わってしまったが、かつて中世史の研究とは、鎌倉の武士や幕府の研究にほかならなかった。今日さかんに行なわれている公家や寺社の世界の研究は、当時まだまだマイナーなものであった。鎌倉時代、大和国には守護や地頭はふつう置かれず、その意味では変則的な国であった。また興福寺の荘園が多く、同寺が強い力で荘民を直接支配したとされていた。要するに、守護も地頭もいない、寺院が強力に支配する特殊な国などいつまでも取り組んでいるべきまともな研究対象ではなかったのである。

じつは私自身、そう思っていた。だから、「なかなか区切りがつかなくて。はやく足を洗いたいんですがね」などと答えていた。

ところが、さきに述べたように、その後すっかり様子が変わってしまったのである。中世は武家社会だけではない、公家の社会も、寺院や神社の世界も、もっと重視されなければならないという考えが強くなった。私も、大和の荘園、興福寺、都市奈良の調査を進めていくなかで、今後は大和の特殊性を強調するよりも他との共通性をみるほうがおもしろいだろうと思うにいたった。現在ではもっと積極的に、大和の事例を素材にして全国のモデルをつくることもテーマによっては十分可能だと考えている。事実、大阪大学の村田修三氏の城郭研究などはそうなっている。

したがって、本書で描こうと思ったのは、特殊な中世都市ではない。もちろん奈良の特殊性は随所にあるだろうが、人びとの在り方、ものの考え方や感じ方は、同時代の京都や鎌倉、その他の都市と共通するところが多いだろう。奈良を定点にして観測すると、京都や鎌倉などであらためて見えてくるものもあると思う。そのような相互の比較を通じてはじめて、何が特殊で何が共通なのかということも本当にわかるのだろう。
こう考えるようになったので、まだまだ大和を立ち去るわけにはいかない。いまだに「足を洗う」ことができないでいることへの弁明である。

一九九八年五月

安田次郎

主要参考文献（副題・初出省略）

魚澄惣五郎「中世の奈良」（『史学研究』二―三、一九三一年）

鈴木止一「興福寺衆中に就て」（『歴史地理』八二―二、一九四三年）

同「興福寺講衆について」（『史淵』三〇・三一合併号、一九四四年）

永島福太郎「都市自治の限界」（『社会経済史学』一七―三、一九五一年）

同『奈良』（吉川弘文館、一九六三年）

熱田公「古市澄胤の登場」（『中世日本の歴史像』創元社、一九七五年）

和田義昭「中世南都の郷民と風流」（『中世日本の歴史像』創元社、一九七五年）

同「中世奈良の風流についての一考察」（『芸能史研究』五一、一九七五年）

神田千里「鐘と中世の人びと」（『遥かなる中世』四、一九八〇年）

荻野三七彦「中世の頼母子の文書㈠、㈡」（『歴史手帖』九―六・七、一九八一年）

千々和到「中世民衆の意識と思想」（『一揆　4』東京大学出版会、一九八一年）

中沢厚『つぶて』（法政大学出版局、一九八一年）

村岡幹生「中世犯罪史の一考察」（『年報中世史研究』六、一九八一年）

森嘉兵衛『無尽金融史論』（森嘉兵衛著作集第二巻、法政大学出版局、一九八二年）

網野善彦・石井進・笠松宏至・勝俣鎮夫『中世の罪と罰』（東京大学出版会、一九八三年）

笠松宏至『徳政令』（岩波新書、一九八三年）
勝俣鎮夫『一揆』（岩波新書、一九八三年）
谷直樹ほか「旧奈良町の町会所建築について」（『大阪市立大学生活科学部紀要』三二、一九八四年）
安田次郎「興福寺『衆中』について」（『名古屋学院大学論集』二〇―二、人文・自然科学篇、一九八四年）
大山喬平「近衛家と南都一乗院」（『日本政治社会史研究』下、塙書房、一九八五年）
山路興造「風流」（『日本芸能史　中世―近世』第一章第三節、一九八五年）
瀬田勝哉「神判と検断」（『日本の社会史　五　裁判と規範』岩波書店、一九八七年）
岩井宏實「町の共同体と奈良町会所」（『国立歴史民俗博物館研究報告』三三、一九九一年）
河内将芳「戦国期奈良における郷民の諸相とその史的展開」（『史朋』二六、一九九一年）
武居由美子「中世における東大寺郷民の成長と祭礼」（『年報中世史研究』一六、一九九一年）
稲葉伸道「中世都市奈良の成立と検断」（『中世を考える　都市の中世』吉川弘文館、一九九二年）
大森恵子『念仏芸能と御霊信仰』（名著出版、一九九二年）
河内将芳「一六世紀における京都『町衆』の風流『踊』」（『芸能史研究』一三〇、一九九六年）
稲葉伸道『中世寺院の権力構造』（岩波書店、一九九七年）

著者紹介
一九五〇年　奈良県に生まれる
一九七四年　東京大学文学部国史学科卒業
現在、お茶の水女子大学教授
主要論文
「祭礼をめぐる負担と贈与」『歴史学研究』六五二
「田地に立てる神木」『遥かなる中世』一六

歴史文化ライブラリー
50

中世の奈良
都市民と寺院の支配

一九九八年一〇月一日　第一刷発行

著　者　安《やす》田《だ》次《つぐ》郎《お》
発行者　吉川圭三
発行所　株式会社吉川弘文館
東京都文京区本郷七丁目二番八号
郵便番号一一三―〇〇三三
電話〇三―三八一三―九一五一〈代表〉
振替口座〇〇一〇〇―五―二四四
印刷＝平文社　製本＝ナショナル製本
装幀＝山崎　登（日本デザインセンター）

歴史文化ライブラリー

1996.10

刊行のことば

現今の日本および国際社会は、さまざまな面で大変動の時代を迎えておりますが、近づきつつある二十一世紀は人類史の到達点として、物質的な繁栄のみならず文化や自然・社会環境を謳歌できる平和な社会でなければなりません。しかしながら高度成長・技術革新にともなう急激な変貌は「自己本位な刹那主義」の風潮を生みだし、先人が築いてきた歴史や文化に学ぶ余裕もなく、いまだ明るい人類の将来が展望できていないようにも見えます。このような状況を踏まえ、よりよい二十一世紀社会を築くために、人類誕生から現在に至る「人類の遺産・教訓」としてのあらゆる分野の歴史と文化を「歴史文化ライブラリー」として刊行することといたしました。

小社は、安政四年(一八五七)の創業以来、一貫して歴史学を中心とした専門出版社として書籍を刊行しつづけてまいりました。その経験を生かし、学問成果にもとづいた本叢書を刊行し社会的要請に応えて行きたいと考えております。

現代は、マスメディアが発達した高度情報化社会といわれますが、私どもはあくまでも活字を主体とした出版こそ、ものの本質を考える基礎と信じ、本叢書をとおして社会に訴えてまいりたいと思います。これから生まれでる一冊一冊が、それぞれの読者を知的冒険の旅へと誘い、希望に満ちた人類の未来を構築する糧となれば幸いです。

吉川弘文館

〈オンデマンド版〉
中世の奈良
都市民と寺院の支配

On Demand
歴史文化ライブラリー
50

2017年（平成29）10月1日　発行

著　者　安《やす》田《だ》次《つぐ》郎《お》
発行者　吉川道郎
発行所　株式会社　吉川弘文館
〒113-0033　東京都文京区本郷7丁目2番8号
TEL　03-3813-9151〈代表〉
URL　http://www.yoshikawa-k.co.jp/

印刷・製本　大日本印刷株式会社
装　幀　清水良洋・宮崎萌美

安田次郎（1950～）

ISBN978-4-642-75450-7